KB141671

두원출판미디어두원출판미디어두원출판미디어두원출판미디어두원출판미디어두원출판미디
어두원출판미디어두원출판미디어두원출판미디어두원출판미디어두원출판미디어두원출판미
디어두원출판미디어두원출판미디어두원출판머디어두원출판미디어두원출판미디어두원출판
미디어두원출판미디어두원출판미디어두원출판미디어두원출판미디어두원출판미디어두원출
판미디어두원출판미디어두원출판미디어두원출판미디어두원출판미디어두원출판미디어두원
출판미디어두원출판미디어두원출판미디어두원출판미디어두원출판미디어두원출판미디어두
원출판미디어두원출판미디어두원출판미디어두원출판미디어두원출판미디어두원출판미디어
두원출판미디어두원출판미디어두원출판미디어두원출판미디어두원출판미디어두원출판미디
어두원출판미디어두원출판미디어두원출판미디어두원출판미디어두원출판미디어두원출판미
디어두원출판미디어두원출판미디어두원출판미디어두원출판미디어두원출판미디어두원출판
미디어두원출판미디어두원출판미디어두원출판미디어두원출판미디어두원출판미디어두원출
판미디어두원출판미디어두원출판미디어두원출판미디어두원출판미디어두원출판미디어두원
출판미디어두원출판미디어두원출판미디어두원출판미디어두원출판미디어두원출판미디어두
원출판미디어두원출판미디어두원출판미디어두원출판미디어두원출판미디어두원출판미디어
두원출판미디어두원출판미디어두원출판미디어두원출판미디어두원출판미디어두원출판미디
어두원출판미디어두원출판미디어두원출판미디어두원출판미디어두원출판미디어두원출판미
디어두원출판미디어두원출판미디어두원출판미디어두원출판미디어두원출판미디어두원출판
미디어두원출판미디어두원출판미디어두원출판미디어두원출판미디어두원출판미디어두원출
판미디어두원출판미디어두원출판미디어두원출판미디어두원출판미디어두원출판미디어두원
출판미디어두원출판미디어두원출판미디어두원출판미디어두원출판미디어두원출판미디어두
원출판미디어두원출판미디어두원출판미디어두원출판미디어두원출판미디어두원출판미디어
두원출판미디어두원출판미디어두원출판미디어두원출판미디어두원출판미디어두원출판미디
어두원출판미디어두원출판미디어두원출판미디어두원출판미디어두원출판미디어두원출판미
디어두원출판미디어두원출판미디어두원출판미디어두원출판미디어두원출판미디어두원출판
미디어두원출판미디어두원출판미디어두원출판미디어두원출판미디어두원출판미디어두원출
판미디어두원출판미디어두원출판미디어두원출판미디어두원출판미디어두원출판미디어두원
출판미디어두원출판미디어두원출판미디어두원출판미디어두원출판미디어두원출판미디어두
원출판미디어두원출판미디어두원출판미디어두원출판미디어두원출판미디어두원출판미디어
두원출판미디어두원출판미디어두원출판미디어두원출판미디어두원출판미디어두원출판미디
어두원출판미디어두원출판미디어두원출판미디어두원출판미디어두원출판미디어두원출판미
디어두원출판미디어두원출판미디어두원출판미디어두원출판미디어두원출판미디어두원출판
미디어두원출판미디어두원출판미디어두원출판미디어두원출판미디어두원출판미디어두원출

두원출판미디어두원출판미디어두원출판미디어두원출판미디어두원출판미디어두원출판미디
어두원출판미디어두원출판미디어두원출판미디어두원출판미디어두원출판미디어두원출판미
디어두원출판미디어두원출판미디어두원출판미디어두원출판미디어두원출판미디어두원출판
미디어두원출판미디어두원출판미디어두원출판미디어두원출판미디어두원출판미디어두원출
판미디어두원출판미디어두원출판미디어두원출판미디어두원출판미디어두원출판미디어두원
출판미디어두원출판미디어두원출판미디어두원출판미디어두원출판미디어두원출판미디어두
원출판미디어두원출판미디어두원출판미디어두원출판미디어두원출판미디어두원출판미디어
두원출판미디어두원출판미디어두원출판미디어두원출판미디어두원출판미디어두원출판미디
어두원출판미디어두원출판미디어두원출판미디어두원출판미디어두원출판미디어두원출판미
디어두원출판미디어두원출판미디어두원출판미디어두원출판미디어두원출판미디어두원출판
미디어두원출판미디어두원출판미디어두원출판미디어두원출판미디어두원출판미디어두원출
판미디어두원출판미디어두원출판미디어두원출판미디어두원출판미디어두원출판미디어두원
출판미디어두원출판미디어두원출판미디어두원출판미디어두원출판미디어두원출판미디어두
원출판미디어두원출판미디어두원출판미디어두원출판미디어두원출판미디어두원출판미디어
두원출판미디어두원출판미디어두원출판미디어두원출판미디어두원출판미디어두원출판미디
어두원출판미디어두원출판미디어두원출판미디어두원출판미디어두원출판미디어두원출판미
디어두원출판미디어두원출판미디어두원출판미디어두원출판미디어두원출판미디어두원출판
미디어두원출판미디어두원출판미디어두원출판미디어두원출판미디어두원출판미디어두원출
판미디어두원출판미디어두원출판미디어두원출판미디어두원출판미디어두원출판미디어두원
출판미디어두원출판미디어두원출판미디어두원출판미디어두원출판미디어두원출판미디어두
원출판미디어두원출판미디어두원출판미디어두원출판미디어두원출판미디어두원출판미디어
두원출판미디어두원출판미디어두원출판미디어두원출판미디어두원출판미디어두원출판미디
어두원출판미디어두원출판미디어두원출판미디어두원출판미디어두원출판미디어두원출판미
디어두원출판미디어두원출판미디어두원출판미디어두원출판미디어두원출판미디어두원출판
미디어두원출판미디어두원출판미디어두원출판미디어두원출판미디어두원출판미디어두원출

두원출판미디어두원출판미디어두원출판미디어두원출판미디어두원출판미디어두원출판미디
어두원출판미디어두원출판미디어두원출판미디어두원출판미디어두원출판미디어두원출판미
디어두원출판미디어두원출판미디어두원출판미디어두원출판미디어두원출판미디어두원출판
미디어두원출판미디어두원출판미디어두원출판미디어두원출판미디어두원출판미디어두원출
판미디어두원출판미디어두원출판미디어두원출판미디어두원출판미디어두원출판미디어두원
출판미디어두원출판미디어두원출판미디어두원출판미디어두원출판미디어두원출판미디어두
원출판미디어두원출판미디어두원출판미디어두원출판미디어두원출판미디어두원출판미디어
두원출판미디어두원출판미디어두원출판미디어두원출판미디어두원출판미디어두원출판미디
어두원출판미디어두원출판미디어두원출판미디어두원출판미디어두원출판미디어두원출판미
디어두원출판미디어두원출판미디어두원출판미디어두원출판미디어두원출판미디어두원출판
미디어두원출판미디어두원출판미디어두원출판미디어두원출판미디어두원출판미디어두원출
판미디어두원출판미디어두원출판미디어두원출판미디어두원출판미디어두원출판미디어두원
출판미디어두원출판미디어두원출판미디어두원출판미디어두원출판미디어두원출판미디어두
원출판미디어두원출판미디어두원출판미디어두원출판미디어두원출판미디어두원출판미디어
두원출판미디어두원출판미디어두원출판미디어두원출판미디어두원출판미디어두원출판미디
어두원출판미디어두원출판미디어두원출판미디어두원출판미디어두원출판미디어두원출판미
디어두원출판미디어두원출판미디어두원출판미디어두원출판미디어두원출판미디어두원출판
미디어두원출판미디어두원출판미디어두원출판미디어두원출판미디어두원출판미디어두원출
판미디어두원출판미디어두원출판미디어두원출판미디어두원출판미디어두원출판미디어두원
출판미디어두원출판미디어두원출판미디어두원출판미디어두원출판미디어두원출판미디어두
원출판미디어두원출판미디어두원출판미디어두원출판미디어두원출판미디어두원출판미디어
두원출판미디어두원출판미디어두원출판미디어두원출판미디어두원출판미디어두원출판미디
어두원출판미디어두원출판미디어두원출판미디어두원출판미디어두원출판미디어두원출판미
디어두원출판미디어두원출판미디어두원출판미디어두원출판미디어두원출판미디어두원출판
미디어두원출판미디어두원출판미디어두원출판미디어두원출판미디어두원출판미디어두원출
판미디어두원출판미디어두원출판미디어두원출판미디어두원출판미디어두원출판미디어두원
출판미디어두원출판미디어두원출판미디어두원출판미디어두원출판미디어두원출판미디어두
원출판미디어두원출판미디어두원출판미디어두원출판미디어두원출판미디어두원출판미디어
두원출판미디어두원출판미디어두원출판미디어두원출판미디어두원출판미디어두원출판미디
어두원출판미디어두원출판미디어두원출판미디어두원출판미디어두원출판미디어두원출판미
디어두원출판미디어두원출판미디어두원출판미디어두원출판미디어두원출판미디어두원출판
미디어두원출판미디어두원출판미디어두원출판미디어두원출판미디어두원출판미디어두원출

두원출판미디어두원출

댄스 스포츠 – ❶

✌ 슬로우 폭스트로트

✌ 테크닉 블루스

✌International Style-Fox Trot

➡ 경기용 폭스트로트

✌American Style-Fox Trot

➡ 일반 소셜 트로트, 속성 완성법

✌Technic Blues

➡ 고난도 상급용 블루스

➡ 왈츠(Waltz)에 병행하는 방법

차례 ---------

프롤 로그-1

프롤 로그-2

♣ 폭스트로트의 이해.

프롤 로그-3

♣ 폭스 트로트의 분석.

프롤 로그-4

폭스트로트의 테크닉

제1장

제 2 장

인터내셔날 폭스 트롯트
(International Style)

제 3 장

상급자를 위한 고난도 바리에이션

프롤 로그-1

♣기본적인 움직임

사람들은 보통 두 발로 걷는다. 과연 발로만 걸을 수가 있을까?

실질적인 움직임은 발이 하지만 다른 신체 부위의 보조역할이 가미되지 않는다면 모양새가 이상해질 것이다.

발이 뒤로 가면 손은 앞으로 나아가고, 왼발이 앞을 서면 오른발은 뒤에 위치하게 된다. 서로 간의 위치를 바꾸면서 전진, 후진한다. 서로가 앞장을 선다고 하여 다투다 보면 정지 상태가 되거나, 넘어지게 되어있다. 발이 엉키는 것이다.

흔히들 스텝이 꼬였다는 표현을 한다. 매우 과학적이고 합리적인 움직임이다.

♣ 손발의 움직임과 연계성.

스포츠나, 기타 여러 사람이 어울려 무엇인가를 이루려, 서로 간의 호흡을 맞출 경우 손발이 잘 맞아야 한다는 표현을 한다. 왜 굳이 많음 비유 가운데 손발을 택했을까?

언어란? 이해하기 쉽고 전달이 잘되어야 하는 것이 중요하다. 그만큼 우리가 손쉽게 이해하고 실로 피부로 바로 느낌이 오기 때문이다.

그것은 발과 손이 각기 앞, 뒤를 서로 나누어 정확하게 해야 한다 함인데, 왼손과 왼발이 똑같이 앞으로 나간다고 가상해보자. 물론 오른발과 오른손도 마찬가지고 완전 고문관이 되는 것이다. 그렇다면 손발만 맞으면 되는가? 말은 된다. 완전 나

한명호의 댄스아카데미

무가 움직이는 것이다. 허리, 어깨, 머리 등 다른 부위도 이에 맞추어 움직여져야 함이다. 모든 것이 그런대로 흡족하다고 생각을 하면 다 된 것일까?

아니다. 여기에 여러 가지 필요한 요소들이 있어야 한다. 무엇일까?

종합적으로 말한다면 신체의 모든 부위가 어우러져 일치단결되어 하나같이 움직여야 하는데 누구나 다 할 수 있지만, 노력 또한 동반되어야 한다.

그것은 힘든 것일까?

누구나 다 하는 동작이다. 다만 주의 깊게 살피지 않고, 안 한다는 것 뿐 이다. 우리가 움직인다는 자체 이것 모든 것이 매우 과학적이다. 원리와 원칙이 있듯 모든 것이 유기적이고 합리적이면서 세심하고 치밀하게 이어진다. 무조건 적인 움직임은 몸이 벌써 반응을 한다. 이상하다고 말이다. 그것이 습관이 되면 굳어져 기형으로 나타난다. 기형이란? 볼썽사나운 모습을 말한다.

♣ 댄스는 운동이다.

손발이 잘 맞고 몸의 움직임도 유연하다면 일단은 합격이다. 정상적인 걸음이 된다는 말이다. 이건 누구나 가르쳐주지 않아도 저절로 잘한다. 댄스로 비유한다면 걷는 스텝이다. 그냥 음악에 맞추어 걷기만 하면 된다. 단순한 것이다. 댄스의 요소 중 하나인 장단(長短)-속도로 친다면 빠르고 늦고 즉 박자의 길고 짧음의 구별이 없다. 리듬의 다양한 변화가 없으니 리듬이 아니다. 물론 단순리듬도 리듬이긴 하다. 그러나 그것은 억지다. 댄스가 아니라 단순한 걸음걸이다. 장단이 있음으로 하여 한 쪽발이 쉬기도 하고 운동도 하는데 계속 같은 속도로 걷기만 하니 피로가 빨리 온다. 절로 제자리걸음이 나온다. 서서 걷는 것이요, 제자리 걸음이다. 모든 댄스를 이렇게 한다면 리듬마다 다른 그 특성이 안 나온다.

아무 리듬이나 똑같이 행하니 진정한 댄스가 될 수 없고 댄스라는 개념자체를 부인하는 막무가내식 사고방식이다. 댄스란 각 리듬의 특성에 따라 다양한 변화에 응용하여 피겨를 행하는 율동이다. 거기 요소들 가운데 간단한 한 가지만 더 첨언을 한다면 기본적인 운동은 스트레칭이다. 모든 스포츠가 마찬가지다. 스트레칭이 확실하게 안 된다면 운동이 안되는 것이다. 구부러진 상태가 지속된다면 관절염이 발생한다. 체중의 압박이 가해진다. 구부렸다, 폈다하는 스트레칭과 템포의 빠름과 느림, 전신을 사용해야 하고, 강약의 반복이 이루어져야 한다. 지극히 기본적인 상식이다. 더 많은 이유들이 있지만 중략하고------------

♣ 댄스는 생활이다.

갓난아기 시절은 움직이지 못하니 부모의 품에 안겨 있지만, 어느 정도 성장하면 기어 다니기 시작한다. 손이 발의 역할을 하는 것이다. 손의 역할도 겸하면서 말이다.

엎드려 포복하듯 길 때도 발과 손을 움직인다. 절로 터득하는 것이다. 손이 나가고 발로 밀고 전진을 한다. 양손으로 전진도 하지만 얼굴을 몇 번 바닥에 박히고 나면 곧바로 발을 사용하면 편하다는 것을 알게 되는 것이다.

처음에는 엎드려만 있다가 좌우로 구르고 많은 시행착오를 겪으면서 똑바로 엎드려 고개를 들고 앞을 보면서 기기 시작한다.

한참을 기다가 이제는 상체를 세우고 앉기 시작한다. 손이 사용하는 것이 편한 것이다. 두 손의 고마움을 느낀다. 이것저것 만지기 시작하고 이동도 훨씬 빨라진다. 기는 속도가 빨라지는 것이다. 힘들면 앉기도 하고 말이다.

어느 시간엔가 드디어 서기 시작한다. 뒤뚱뒤뚱하지만 이내 곧 앉아버린다. 불안한 것이다. 발의 버티는 힘도 약하니 말이다. 서 있는 시간이 점차 길어지면서 몇 걸음씩 앞으로 나간다. 서 있는 시간도 길어진다. 드디어 걷기 시작하는 것이다. 넘어지기도 많이 한다. 무릎도 깨지고, 점점 힘이 강해지면서 뛰기도 한다. 달리는 것이다.

달리다 보면 지치기 마련. 무조건 달리기만 한다고 능사는 아니다, 무미건조한 움직임보다 변화가 필요하다. 이제는 달리기도 하고 걷기도 한다. 걷는 것과 달리는 것을 혼합하는 것이다. 달리다 지치면 걸어가면서 호흡을 조정하고 휴식을 취하기도 한다.

여기까지가 손과 발을 이용한 워킹 단계다. 이제 기본기는 준비가 된 것이다.

한명호의 댄스아카데미

이제부터 본격적인 댄스에 입문하는 것이다. 실질적 단계이므로 자동차의 운전과 비교하며 설명하기로 합니다.

♣ 기본기에 충실해야 한다.

자동차를 운전하려면 면허증을 취득해야 하는데 이 또한 만만치가 않다.

면허를 득한다는 것은 실전 준비가 끝났다는 것이다. 연수과정도 필요하고 아직도 많은 과정이 기다린다. 경험도 필요하고 말이다. 실전은 실전대로 또 과정이 있다. 일단 중요한 것은 면허를 취득하기 위한 기본 과정이다.

법규를 알아야 하고 기본 조작 과정도 충분히 숙지해야 할 일이다.

무조건 붙들고 추면 될 것이 아닌가? 이제는 이런 분들이 많이 없어졌다.

어떻게 하는지나? 어떻게 잡고 어떻게 전, 후진을 어느 발 부터 먼저?----

간단하면서도 많은 것 같다. 최소한의 기본이다. 밥상을 대하면서 허접하면 다들 한 말씩 한다. 이거 참 --- 반대로 푸짐하면 보기만 해도 식욕이 돋는다. 침이 절로 나오니 말이다.

진수성찬인데!

갖출 것을 제대로 갖추면 그렇다. 맵고 짜고는 다음 문제고, 허접한 밥상이 되지 말자. 같은 돈, 같은 시간 들여서 아무 음식이나 먹지는 않는다.

가능하면 잘하는 집을 찾는다. 댄스를 배우는 것도 마찬가지다. 선택의 중요성이다. 군중심리에 휩쓸려 국인지, 밥인지도 모르고 싼 맛에 배만 부르면 된다는 사고방식 ---- 시간이 더 귀하고 비싼 것이다. 허탈감, 배신감, 나만 짱구인가?

건강을 생각 않고 영리만을 목적으로 하는 식단, 자질이 부족한 강사가 판치는 곳, 아무것도 모르니 어찌 판단할 것인가? 그런 소리 할 것이면 시작을 하지마라. 일종의 사기와도 같다. 참으로 어처구니없는 일이다. 연습이 부족해서 그렇다, 재질이 부족, 시간이 지나면 다 된다,---입에 발린 소리다. 애초에 갖추어지지 않았으면 진도를 나가지 말아라. 그런 판단이 안 선다면 다 잘못이다. 일찌감치 거두고 공원이나 산책해라. 등산을 부지런히 다니던가, 차라리 집안청소 열심히 하는 것이 건강에 더 좋다.

기본 피겨를 응용하는 연결의 묘가 필요하다. 인터넷을 통한 외국 선수들의 동작들을 많이 볼 것이다. 그리고 교육과정도 보면 기본기에 대한 응용 연결은 잘 보기가 어렵다. 그것은 당연한 것이다. 단 몇 분간에 모든 피겨를 할 수가 없는 것이다. 기본적으로 등급을 나누어 실력에 맞게끔 반복과 연결이 필요한 것이다.

알기 쉽게 자이브나 룸바를 예로 든다면 기본적인 피겨의 연결은 다음이고 계속 연결을 하면서 중급 이상의 피겨를 선호한다. 남에게 돋보이기 위함인가? 실질적으로 잘하는 사람들은 가장 기본적인 동작을 여러모로 부드럽게 연결을 한다.

반복하면서 무엇인가 다른 느낌, 형태를 유지하면서 가끔씩 맛보기로 상대의 수준에 맞추어 선택하는 것이다. 우리들이 착각하는 것은 바로 그런 점이다. 보여주기위한 쇼케이스를 그렇게 하는 것이 정석인양 오해하고 인식한다는 것이다. 외국역시 일반인들은 즐기면서 기본적인 피겨를 반복한다. 종류도 많지가 않다. 얼핏보면 어느 정도 배운 분들은 하고도 남는다.

과시욕 많은 개구리가 배를 잔뜩 부풀리는 것이나 진배없다. 그러면서 하나, 하나씩 섞어 행하는 것이다. 굳이 그러하지 않아도 충분히 하고도 남는다. 남는 음식이나 마찬가지다. 잔반 역시 마찬가지고 어찌 나중에 처리할 것인가? 그러한 방법을 가르치고, 배우는 것이 순리다. 조합의 변화는 무궁하다. 공식을 가르쳐야 하는 것이다. 무지한 댄스는 이제 사라져야 한다. 한 차원 높은 인정받는 댄스를 해야한다. 일제의 잔재나, 마구잡이식의 댄스는 이제그만 추어야 할 시기가 아닌가 생각한다. 서로가 웃으면서 즐기며 가르치고 배우는 댄스가 되어야 한다. 아직도 찡 그리고 불만스런 표정으로 임하는 분들도 많다. 참 개탄스러운 일이다. 다 모자람이 많은 탓이다. "다 당신 탓이야!" "내 탓이야!" 아니다. 누구 탓도 아니다. 인성의 부족함이 원인이다.

♣ 워킹 연습과 훗트-워크를 정확히 해야 한다.

간단하면서도 까다로울 수도 있다. 그러나 원리를 정확하게 이해한다면 우리가 평상시 걷는 걸음에 건강하고, 활기차게 장식하고, 화려한 움직임에 활기를 불어넣는 것이다. 어찌 생각하면 의외로 쉽고, 재미있다. 실질적으로 건강에 도움이 되는 기막힌 방법이다. 배우는 분이나, 가르치는 분이나 서로 간에 이것이 정립 안된다면 다 그만두어야 한다. 진도를 나가지 말라는 말이다. 기본 중의 기본을 무시한 채 무엇을 한다는 말인가? 그래도 강행한다면 다 제멋에 사는 것이니까 누가 무어라 할 것인가? 막춤으로 변하는 것이다. 막춤도 이제는 엄연한 춤의 한 장르로 인정을 받는다,

운전하다 보면 돌발상황이란 변수가 작용한다. 예측하지 못한 환경에 대한 순간적인 대응을 어떻게 슬기롭게 하느냐? 평상시 그에 대한 연습은 어느 정도? 여기에서 운전이란? 남성이 여성과 홀드 상태를 유지한 채로 플로어를 활용 멋진 율동을 선보이는 것이다.

♣ 순서에 얽매이지 마라.

자이브의 한 예를 들자. 학원이나, 단체강의나 기타 교습하는 경우, 다른 종목도 마찬가지다. 대체로 순서를 정하여 진행한다. 본인도 책을 저술하면서 그리하였다. 왜? 체계적인 익힘의 과정이다. 그대로 나열하듯 하는 것이 아니다. 수준에 맞추어 이러한 것들이 적합하다 하는 뜻이다. 실전에서는 순서란? 무용지물이다. 간혹 무도장, 지금은 콜라텍? 인지 좌우지간 어쩌다 가서 모르는 분들과 추다보면 하는 말이 왜? 순서대로 안배우셨나봐요? 막 섞어서 하니 정신이 없네요! 할 말이 없다. 초창기에는 번호도 19번 -21번-24---63-84----108---몇번 까지나 나갈 것인가?

기가 막힌 현실이다. 어떻게 다 외나 천재들이다, 그런 정성이면 못할 것이 무엇 있겠는가? 댄스는 댄스다. 전문직업인을 위한 운동이 아니다. 너무 많다 보면 무엇이 무엇인지 다 알겠는가? 실질적으로 대회에 임하는 선수들도 기본기를 위주로 하여 자기들 나름대로 몇 가지의 쇼- 케스에 적당한 피겨를 넣는 정도다.

그 많은 피겨를 언제 다 할 것인가? 지치지는 않을까?

♣여성도 리드한다.

남성이 창이면 여성은 방패다. 정확한 타이밍과, 서로 간의 발란스가 중요한 것이다. 여자는 리드를 잘 따라만 가면 된다는데----- 여자라고 따라만 가면 되는 것인가? 물론 남성이 리드와 설정을 한다. 그에 맞추어 서로가 진행하는 것이다. 여자도 방어운전을 한다. 창과 방패의 역할을 각자가 해야 한다. 맹목적인 추종이 아니다. 모던 경우도 마찬가지다. 위치, 방향, 회전량--- 그 정도만 알아도 남성의 리드에 맞추어 진행할 수는 있겠지만 혼자서 자신의 스탭을 정확하게 이어나갈 정도는 되어야 제대로 추는 것이다. 선수가 되기 위함이 아니라 그게 기본 수준이라는 말이다. 선수 할 것도 아닌데 뭘 그 정도까지 알아야 합니까? 누가 선수나 하라고 한답니까! 꿈도 야무지십니다. 객석에 앉아도 무슨 춤을 어떻게, 올바르게 추는지 판단이나 하실는지?

지금은 여성 운전자 수가 엄청나다. 바로 그것이다. 예전에는 운전석에 남성들이 대부분이지만 지금은 여성 운전자가 많지 않은가? 그렇게 차를 운전하면 되는 것이다. 댄스도 마찬가지다. 자기의 영역은 자신이 콘트롤 하는 것이다. 운전 솜씨가 시원치 않으면 운전석에서 과감히 퇴출시키는 것이 서로의 안전을 위한 방편이 아닌가? 자신의 영역을 확실하게 모르면 남성이 시원치 않아 엉키는 것도 자신이 서툴러 그런 것으로 오해를 받고 피박을 쓰는 것이다.

♣ 실전을 대비한 교육이 필요하다.

면허를 취득한 후 운전을 하지 않는다면 장롱면허다. 왜 그렇게 되는 것일까? 이유는 많을 것이다. 댄스도 마찬가지다. 그 중 한가지는 배울 때는 잘 되었는데? 모르는 분들과 하니 엉키기 일쑤다. 여유도 없고 아직 익숙지 않은 것도 원인이지만 우물안 개구리 티를 벗지 못하기 때문이다. 적응하는데도 문제가 있지만, 근본적인 원인은 강사들의 무지와 안이함이다. 대응책을 강구하지 못하고 틀에 박힌 사항만 앵무새처럼 읊었기 때문이다. 무조건 자꾸 다니다 보면 됩니다! 상대방이 서툴러서 그럴 겁니다. 댄스가 금방 그렇게 쉽게 됩니까? 그럼 무엇하러 배우고 왜 가르쳤는가? 루틴을 형성하는 원리와 공식을 기본이라도 알아야 하고 가르쳐야 하는 것이다.

한명호의 댄스아카데미

그것을 논리적으로 설명하고, 가르치지 못한다면 강사의 자격이 없는 것이다. 초보운전이라도 차를 운행할 정도는 되는 것이 현실이다. 물론 불안, 초조, 정신없고 여유도 없고 하지만 곧 익숙해지지 않는가? 그 정도는 되어야 한다는 것이다. 아닐 경우는? 무엇인가 문제가 있는 것이다. 누구 잘못이 더 클 것인가? 내가 몸치도, 짱구도 아닌데 --- 다 내 탓이다.

❖ 요즈음은 마니아가 대세다.

어느 분야를 막론하고 즐기고 호응하면서 열렬한 지지를 보내는 분들이 없다면 명맥을 이어가기가 어렵다. 작금의 한국에서 댄스를 살펴보면 마니아들은 형성이 되어있는데 그에 어울리는 다양한 메뉴가 부족하다.

지르박 블루스도 이제는 맨날 그 타령이라는 말이 나온다. 심하게 이야기하면 약간 지겨운 감이 나는 것이다. 트로트는 견적도 없이 걷는 것으로 끝나다 못해 이제는 지르박인지 블루스 인지 짬뽕이다. 마구잡이로 갖다 붙이는 것이다. 왜? 원인은 간단하다. 구심점이 약하다는 것이다.

댄스스포츠도 자이브 하면 뛰는 거라 힘들어! 룸바는 파트너 없어 못해! 짝없는 사람은 추지도 못해! 다른 종목은 어딜 가도 음악 조차 나오지도 않는다. 탱고도 어쩌다 한 번 흘러나오다 이제는 듣기도 힘들다. 그저 일부 사람들만 즐기는 단체로 적당히 어울려 짝짓기나 하려하는 이상한 흐름으로 퇴색되어간다. 사교적인 측면에서 건전함은 좋은데 무엇인가 앞뒤가 어울리지가 않는다. 그렇다면 방법이 없을까? 이런 사항을 충족시킬 수 있는 묘안은? 있다. 그 대안중 하나가 살사다. 과하게 흔들지 않으면서 하는 중장년을 위한 살사. 노년충을 위한 지르박의 고급화, 점핑 스타일이 아닌 자이브의 변화와 루틴의 솎아내기----댄스 스포츠 전 종목의 알기쉬운 보급화와 쉽게 배울 수 있도록 체계화하는 것------ , 몇 십년 전부터 논의되던 전용 무도장의 설치-------------더불어 중요한 건 마니아들의 진취적인 사고방식이다. 진부 하고, 시대에 뒤떨어진, 상식적으로도 납득 안가는 스타일을 고집하지 말아야 한다. K-Pop을 생각해보라. 시대는 변화한다. 살사가 유행한 지도 한참이다. 기존의 일부 강사들은 무엇 하는가? 아직도 못 가르치지를 않는가? 무엇이 문제일까?

프롤 로그-2

♣ **폭스트로트의 이해.**

폭스트로트 이전에 우리는 기본적으로 트로트에 대한 이해가 필요하다.

트로트(Trot)란?

일반적인 댄스의 의미로 살펴보자. 사람이나 동물이 걷는 행위를 말하는데 보통 종종걸음이라 하여 부지런히 걷는 것을 의미한다. 자연 빠른 걸음인 속보도 이해 해당한다. 지치면 쉬어가듯 걷는 느린 걸음 또한 당연하다.

종종걸음 이라하여 무조건 빠른 걸음만은 아니다. 체력적으로 힘들거나, 지쳤을 때는 누구나 천천히 걷는 것은 지극히 당연한 것이다.

대한민국은 동양이다. 영국이나 미국, 프랑스---등은 서양이고 그들은 상대성 원리를 예로 들지 몰라도 우리는 동양의 음양 이론으로 살펴보자.

사람은 두 발이 있어 물리적인 힘을 가해 신체를 이동하고, 휴식을 취하기도 한다. 간단히 오른발과 왼발이 있다. 왼발을 양이라 하고, 오른발을 음이라 하자. 오른발을 양, 왼발을 음이라 해도 상관이 없다.

두 발은 각기 음과 양으로써 조화를 이룬다. 어떻게? 전진하는 발 즉, 앞에 있는 발은 양(陽)이요, 뒤에 있는 발은 음(陰)이 된다. 전진할 경우 체중이 앞의 나아가 있는 발에 있지 않게 되면 더 나아갈 수가 없다.

뒷발에 체중이 놓이게 되면 버티므로 전진을 안 하겠다는 의미다. 브레이크를 밟고 있다. 반대로 뒤로 갈 때는 뒷발에 체중이 걸린다. 앞발에 체중을 뒤로 이동하지 않으면 이 역시 브레이크가 작동이라 뒤로 더 이상 나갈수 없다.

한명호의 댄스아카데미

여기서 우리는 한 가지 사실을 알게 된다. 정상적으로 앞, 뒤로 이동을 하려면 체중을 확실하게 옮겨 주어야 한다는 것이다.

댄스의 워킹에 있어 가장 기본적이면서도 당연한 논리다. 체중의 이동이 빠르면 걸음 즉, 움직임이 신속한 것이고, 늦으면 더딘 것이다.

트로트라는 동작을 나타내는 의태어에 폭스, 여우의 명칭이 붙는다. 재미있는 표현이다. 네 발 짐승의 걷는 모습을 보고 그중 대표적인 것이 말인데, 다양함을 더 보완하기 위한 선택? 부드러우면서, 우아하고, 날렵한 몸놀림이나 발 움직임의 현란함을 비유함이다. 여우가 나타난 것이다. 지금은 그리 많지 않지만 예전에는 개체수가 많았으니 비유로 적합했을 것이다.

폭스트로트 하면 퀵스텝이 항상 따라 다닌다. 그만큼 서로의 관계가 밀접하다는 말이다. 쉽게 설명하면 한 집안에 두 형제가 있는데 각기 개성이 다른 것이다.

많은 차이점이 있는 것은 당연한 일이고 그중 제일 먼저 눈에 띄는 것이 빠르고 늦고의 차이다. 댄스의 관점에서 본다면 어떨까?

얼핏 생각하기에 빠르면 빨리, 늦으면 늦게 추면 될 것이 아닌가?

그렇다. 그러나 단순한 빠르기 만으로 논할 문제는 아니다. 그로 인해 발생 되는 많은 문제가 있는 것이다.

천천히 걸을 때는 숨도 차지 않고 이곳저곳 살피면서 느긋하게 갈 수가 있다. 그렇다고 자기 혼자 걷는 것은 아니다. 천천히 움직이더라도 피할 것은 피하고 여러 가지 기본적 지켜야 할 상식적인 사항은 염두에 두어야 함은 당연하다.

다만 크게 행동의 제약이나 다른 사람과 부딪히거나 돌발적인 상황에 여유 있게 대처한다는 것 뿐이다. 느림의 미학이다.

빨리 걷거나, 뛴다고 생각을 해보자. 바쁘다, 바뻐! 한편으로는 신이 난다. 뭔지는 몰라도 바꿔, 바꿔하는 기분이다. 모든 동작과 판단이 신속함을 요한다. 작은 움직임이라도 환경이 바뀌니 전체가 다 바뀌는 것이다.

느릴 때는 길게 천천히 올리던 팔도 빨라지니 짧고, 신속하게 움직여야 한다. 일부분의 예지만 걸음도 빨라지고 모든 것이 다 달라지는 것이다.

♣B.P.M이란?

댄스에 있어서 리듬은 다양하다. 빠르고 느리다는 것의 기준은 무엇일까?

B.P.M이란 Beat Per Minute 약자를 칭한다.

♣Beat 란?

지속적인 두드림 즉 울림을 말한다. 때리는 것이다. 소리의 울림을 청각적인 나타냄으로 표시하는 것이다. 시간의 기준은 1분을 기준으로 한다. 1분은 60초이므로 1초에 한 번씩 울림이 나타난다면 1분에 60번이다. 1초에 한 번 울림을 1 Beat 라고 한다면 60 B.P.M이 되는 것이다.

1초에 한 번 울림의 기준을 음표로 표시한다면 4분음표의 하나 길이라고 생각하면 된다. 보통 말하는 한 박자다.

70 B.P.M일 경우는 60번 할 것을 70번을 그 시간 안에 하여야 하므로 그만큼 속도가 빨라진다. 50일 경우는 속도가 그만큼 늦어진다는 말이다. 숫자는 속도의 빠름과 늦음을 말하는 것이다.

♣트로트의 분류.

트로트는 속도가 약간, 또는 매우 느린 트로트인 폭스 트롯트와 경쾌하면서도 빠른 퀵스텝으로 나누어진다. 빠른 것은 양이요, 느린 것은 음이라 한다면 트로트의 음과 양이다. 속도란 B.P.M을 기준으로 하는 경우다. 수치에 따른 구분이다. 늦고 빠르고 기준은 성별, 연령, 신장에 따라 약간 차이가 있으나 보편적인 경우를 기준으로 한다.

한명호의 댄스아카데미

리듬의 특성.

어느 리듬이든 강약이 있기 마련이다 물론 중강, 중약도 있다. 이럴 때는 음양이 아니라 삼재로 분류가 된다. 천지인(天地人)이라 상, 중, 하(上,中,下)다.

트로트는 실질적으로 워킹을 하다 보면 상중하가 다 작용을 하나 보통 강과 약으로 쉽게 구분을 한다.

(Low-High,-Up-Down)-훗트워크로 본다면-(Toe-Heel)

말을 하거나 노래를 할 때도 첫 박에 강이 들어가듯 댄스에서도 강과 약이 작용한다, 알기 쉽게 생각하면 흔히들 뽕짝이라는 표현을 하는데 맞고요, 맞습니다. 바로 그것이다. 모든 리듬의 기본이요, 원류다. 쉽게 쿵,짝 이라고 하자.

좀 더 세분화한다면 상중하로 하여 셋으로 하면 더욱 다양해진다. 이것들을 기준으로 하여 변화가 생기는 것이다. 흔히들 4Beat, 8Beat------하여 변화가 이루어진다. 속도가 가미되면 더더욱 다양해진다. 강약이 첨가되고 말이다.

워킹이란?

댄스로 돌아가자. 여기에 워킹을 생각해보자. 워킹이란 걷는 것을 말한다. 걸음이다. 두 발로 과연 어떤 변화를 어느 정도 할 수 있을까? 두 발이므로 시작은 둘로 시작을 한다. 물론 하나, 한 발로도 가능하다. 문제는 한 발로는 강약의 구분이 어려워진다. 변화가 단순하다. 폭의 길고 짧음 뿐이다. 혼자서 삽질하는 것이다. 어울림이 필요하다. 독불장군은 없다. 사람인(人) 이다. 바쳐주는 대상이 있어서 있는 것이다. 존재 할 수 있다는 말이다.

남과 여가 부부의 연을 맺어야 자녀가 탄생한다. 왼발, 오른 발 각각이 합쳐 걸으니 자녀라는 2세가 탄생하는 것이다. 그것이 투 스텝이요, 스리스텝이다. 원 스텝은 각자 도생 하는 것이요, 투스텝은 힘을 합쳐 한 몸이 되는 것이요, 스리 스텝은 가정을 이루는 것이다. 자녀가 많다 함은 스리 스텝의 다양한 변화다. 투 스텝역시 단순한 모양이 아니라 다양한 형태로 나타나나 근본은 변화가 되지 않는다.

이것은 백년해로를 말하는 것이다.

그렇다면 4 스텝은 이상은 없는가? 있다. 당근이다. 5,6,7,8,9-----많다. 그러나 그 근본은 1, 2, 3 스텝을 이어놓은 것이요, 섞은 것에 불과한 것이다. 정도는 그렇다. 새로운 것이라 우긴다는 자체는 한심한 일이요, 사이비다.

모든 춤은 1, 2, 3 스텝이 갖추어져야 정식으로 인정을 받는다.

1, 2 스텝만 사용하는 경우도 있다. 그것 역시 부부의 합으로 인정을 받는다. 그러나 불임가정이요, 부족함이 산재한다. 수준을 자연 한단계 아래로 보아도 무방하다. 댄스이되 간단한 편안히 하는 수준이다 보면 되는 것이다.

무조건 걸으면서 하면 된다?

지속적인 좌, 우 원 스텝만 사용한다?

되기야 된다. 두 발을 이용하니 안 될 것이 무엇인가?

여기에는 강약(強弱)과 장단(長短)이 있어야 생물(生物)이 된다. 장단의 구별이 없는 스텝은 단순한 걸음마다. 댄스의 기본 요소가 무엇인지도 모르고, 막무가내식의 편협된 사고방식이 만들어낸 부산물이다. 일종의 사이비 종교나 다를 바가 없다.

프롤 로그-3

♣ 폭스트로트 분석.

폭스트로트 전반적인 사항에 대한 이해가 필요하다. 맛보기 식으로 조금씩 대략 어떤 것인가 하는 것을 알아보는 것도 재미있을 것이다.

그 이전에 우선 모던 댄스에 대한 사항을 살펴보자. 댄스를 도표로 구분해보자. 역사, 유래, 근원 등---자세한 설명은 지면 관계상 생략하고 간략히 살펴보자. "댄스스포츠"라는 명칭으로 경기 종목으로써 정식으로 채택된 10종목을 기준으로 했다.

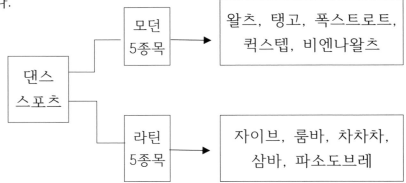

위의 표에는 누락되었지만 그 외에도 댄스의 종목은 다양하다.

맘보, 도돔바, 스윙, 살사, ----

지금 그것을 알고 왜 누락되었는가? 어떤 것이 있는가? 가 중요한 것이 아니다. 중요한 것은 연관성을 찾아보자는 것이다.

모던 댄스는 스탠더드 모던 댄스라고도 하는데 이는 일종의 룰과 틀을 형성한 규격적인 자세와, 정형을 중시하는 모범생 스타일이라는 의미가 내포된다. 반면 라틴댄스는 기본적인 범주내에서 일종의 자유로운 프리 스타일이라 생각하면 구별이 나을 것 같다.

모던 댄스의 연관성.

중요한 것은 폭스트로트 이므로 폭스트로트를 중심으로 알아보자.

전체적으로 모던댄스를 보면 각 피겨의 흐름은 같은 맥락이다.

그도 그럴 것이 우선 댄스의 방향을 도표로 살펴보자.

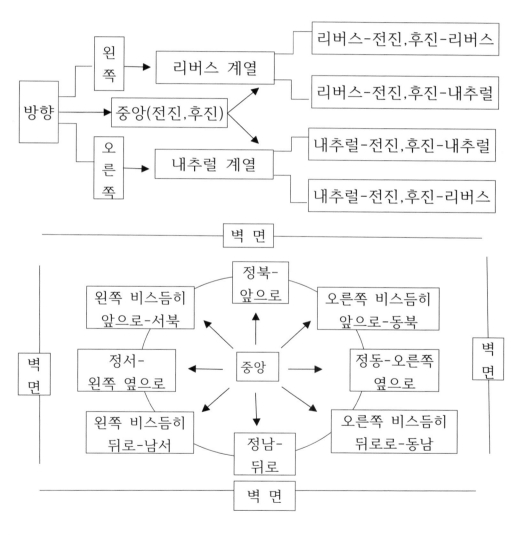

방향 중 역(逆)이란 반대 방향 역벽사하면 벽사와 반대 방향을 말한다. 과정이므로 성립이 된다. 역 벽사도 끝까지 가면 결국 벽면이 된다. 스텝은 중간에서 방향

한명호의 댄스아카데미

이 또 다른 방향으로 변한다. 벽사란 벽에 비스듬히 라는 의미다. 중앙도 마찬가지로 응용. 방향은 사 정방-동서남북-앞, 뒤, 왼쪽, 오른쪽-4방향과

각 방향 간의 각도는 90도, 1/4이다. 정방과 정방의 사이인 사 간방-사방의 각사이 방향-동북, 동남, 서북, 서남-사정방과 사 간방 과의 각도는 45도, 1/8이다. 이론상으로는 1/16도 가능하나 댄스에서는 별 의미가 없다, 왜?

회전하는 경우는 어떻게 설명을 할 것인가? 회전하는 경우는 스핀, 피봇, 턴이라는 명칭이 따라붙는데 앞에 붙는 접두사를 보면 알 수가 있다. 예를 든다면 리버스 피봇, 리버스 턴등--내추럴도 마찬가지-내추럴 스핀 턴, 내추럴 피봇, 내추럴 피벗 턴-----겸용 사용되는 경우도 나온다. 향함, 향한다등 방향에 대한 설명도 잘 이해해야 한다. 시작시의 위치가 어디인가를 알고, 어디를 향하고 어떻게 진행이 되는가를 정확하게 해야 한다. 무조건 가기만 하면 되는 것이 아니다.

간다는 자체는 진행이다. 엉망진창이 되어서는 안 된다.

♣ 실질적인 연관성

피겨의 명칭이 비슷하거나 같다면 일단 비슷한 형상이다. 생각해도 무방하다.

약간의 특색 면에서 차이가 있을 뿐 실질적인 흐름은 같다. 특히 왈츠나, 폭스 트로트, 퀵스텝은 매우 흡사하고 그 중 퀵 스탭은 빠르기와 찰스턴, 기타 응용동작이 많이 가미되어 이질감이 느껴지나 그 맥락은 같이 간다. 탱고 역시 마찬가지다. 약간의 독특한 스타카토 동작이 가미되어 이 또한 차이가 있으나 흐름은 같은 것이다. 비엔나 왈츠 역시 왈츠와 흐름은 같다. 따지고 보면 다 그게 그것 아닌가? 생각도 들 것이지만 확연한 차이점이 있다. 그것이 무엇인가를 정확하게 파악한다면 전체를 아우르는 마니아가 되는 것이다.

역(逆)으로 설명하면 다 각각 섭렵하고 나면 정리가 되는 것이 아닌가?

결국은 그렇다. 그러나 다 섭렵하려면 많은 시간과 노력이 필요하다.

일단 한 종목이라도 정확하게 파악하면 나머지는 수월하다. 각각이 워낙 개성이 강한 댄스 종목이라 많은 노력이 필요하다.

어떻게 가르치고, 배워야 하는가?

무엇을 어떻게 전달하고, 어떻게 배워야 할 것인가? 이제는 이점을 곰곰 생각할 때가 되었다. 여기저기 전국적으로 많은 학원 및 기타 공공장소에서 가르치는 곳도 있고, 동호회도 있고 각양각색이다. 대체로 가르치는 과정은 비슷하다. 종목별로 순서에 입각 해 차근차근 모두들 열심히 배우고 가르치고 매우 고무적인 현상이다. 건강을 생각하고, 스포츠로써 즐기는 온 국민이 사랑하는 댄스이니 말이다. 문제는 어렵다는 것이요, 소위 몸치나 습득과정이 어려운 분들, 이해가 힘들고, 마음 같아서는 열심히 하면 될 것 같은데, 막상 시작하고 보면 여러 가지 생각지 않은 어려움이 발생한다. 물론 각자의 소화능력이나 기타 이유가 있을 것이다. 왜 이런 문제가 생길까? 해결방법은 없을까?

문제는 엉뚱한 곳에 있다. 댄스 스포츠의 흐름을 알아보자. 현재 국내에서 가르치는 댄스는 댄스스포츠 10종목인데 근본적으로 알아야 할 것이 있다. 왜 내가 이 댄스를 배우는가? 내가 배우는 것은 도데체 실용성은 어떤가? 이런 생각을 해 보신 분들이 과연 얼마나 될런 지? 열심히 하다보면 숙달이 되겠지? 맞습니다. 맞고요. 당연합니다. 간단히 결론을 말씀드리지요. 건축물을 짓는다고 합시다. 고층빌딩을 짓던, 작은 건물을 짓던 상관 없습니다. 한쪽은 지지도 견디고, 기초공사에 모든 심혈을 기울이며 짓습니다. 한쪽은 빨리빨리 하면서 적당히는 아니지만 나름 튼튼하게 하기는 하지요. 어느 쪽을 선택하시겠습니까? 기초공사 튼튼히 하는데 시간이 걸려야 얼마나 더 걸릴까요? 문제는 치밀한 준비와 그리고 사전 모든 제반사항에 대한 검토지요. 그리고 진행을 합니다. 기초공사가 튼튼할수록 높이 올릴수가 있지요. 적당히 지은 건물은 불안해서 ----------

댄스는 아마추어나 댄스나, 쇼- 케스 위주의 프로댄스, 경기용의 댄스와 모든 기본은 똑같습니다. 그 많은 기본 가운데서 자기들의 목적에 맞게 골라서 화장을 한 것에 불과한 것이지요. 입맛에 맞게끔 골라 나열한 것이지요. 자! 어느 쪽이 더 다양하고 풍요로울까요? 특히나 아마추어일 경우 어떤 면에 더 치중하는 것이 좋을까요? 다이연히 아마추어급이 댄스에 우선하는 것이 당연하지요. 거기에서 더 실력이 탄탄해지면 남에게 돋보이는 쪽을 더 치중하면 되지요. 아마추어댄스 소위 말하는 아메리칸 스타일 이 책에서도 소개가 됩니다. 그럼 왜 피겨를 적게 했는

한명호의 댄스아카데미

가? 경기용으로 통하는 인터네셔널 댄스나 같습니다. 숙련도의 차이가 날 뿐이라는 결론입니다. 같은 것을 굳이 중복할 이유가?

경기용은 댄스 종목 중에서 기준을 정하고, 테크닉 다듬어서 정리된 것 뿐 이지요. 그럼 국내에서 가르치는 스타일은 어떤가? 경기용의 순서만 집착합니다. 그러니 번호가 점점 늘어나기만 하는 것이지요. 그렇다고 기본적인 사항을 안 한다는 것은 아니지요. 적당히 기초공사를 하고 있는 것입니다. 폭이 좁은 것이 문제지요. 그 예를 이해가 쉽도록 해보겠습니다. 제일 흔한 것이 자이브니까 그 이야기를 하지요. 자이브는 스타일이 크게 두 종류로 나누어지지요.

점핑 스타일과 바운스 스타일이지요. 점핑 스타일의 대표적인 댄서는 코키지요. 지금 국내에서는 그 스타일을 지금도---언제까지 할런 지는 모르지만---

세계적인 추세는 이미 점핑 스타일은 일부 쇼-케스 에서나 보이고 일선 댄스교사나 선수들도 바운스 스타일에 룸바 스타일을 가미한듯한 보디 **무브먼트**를 중시하는 경향으로 바뀐 지 이미 많은 시간이 흘러가고 있습니다.

여기에 WCS 스타일로 무장한 형태로 바뀌었지요. 대표적인 댄서는 도니번스지요. 이미 오래전부터 행해오던 스타일이지요. 굳이 세계챔피언의 흉내를 낼 필요는 없지만, 지르박 추듯 얼마든지 가능하니까요. 자이브가 왜 호응이 점점 떨어질까? 이것은 외국도 마찬가지입니다. 모던 자이브도 생긴 지가 한참 이고----다 일부 선수들이나, 쇼-케이스 용으로 어울리는 점핑용이기 때문에 그런 겁니다. 이미 외국에서는 이를 간파하고 벌써 오래 전부터 청소년들에게 가르치고 있습니다. 소위 기득권의 적폐와 같은 현상입니다. 문화대통령이라던 서태지가 나왔을 때 어땠었는지요? 없애자는 이야기가 아닙니다. 쇼셜이니, 인디댄스니, 아메리칸 스타일이니 하지 말고 병행을 하자는 말이지요. 그래서 선택권을 주는 겁니다. 쉽게 터득하고 더 아기자기하고 다양한 이야기 보따리를 풀어 재미있게 이야기하고 듣자는 말입니다. 기초를 더 다양하게 재미있게 피겨가 엄청 많습니다. 기상천외의 ----살사 이야기도 했지만 살사 역시 마찬가지 입니다. 지르박 추듯 얼마든지 가능한데 왜? 왜?--------

소화도 못 시키면서 진도만 나가면 무엇합니까? 시간만 걸리고, 경비만 더 들어가고 -----

프롤 로그-4

❖ **폭스트로트의 테크닉.**

폭스트로트를 행함에 있어서 필요한 자세 및 동작을 간추려 어떻게 행하는 것이 올바르고 편안한가 살펴보았다.

자세한 연결 및 세부사항은 설명이 될 것이나 그 중 참고로 자주 보아야 할, 익혀야 하고, 기본적으로 알아야 할 동작들을 간추려 정리해 봅니다.

◉ 크로즈 홀드 상태다. 같은 것 같아도 무엇인가가 다르다. 무엇이 다를까? A는 발이 반족장 약간 앞뒤로 선 형태이다. B는 두 발을 모아서 나란히 한 형태이고 C는 거의 1족장 정도의 형태이다. 종목에 따라서 약간 차이가 있지만 트로트 에서도 이렇게 다양하게 나타난다. 물론 다른 형태도 있다.

움직임이란 신체 즉 몸의 이동이다. 이동은 사방, 팔방-- 여러 방향으로 나타난다. 발이란 신체의 이동수단을 활용해 위치를 바꾸는 것이다. 정점에 머무르지 않고 흐름을 연출한다. A는 남성의 경우 왼발이 전진하는 형상이다. B는 체중을 오른발에 얹고 선 상태에서 왼발을 옆으로 이동하는 형태, C는 양발이 들린 상태이다. 발 끝부분을 활용한 토우 이용이다. 체중이 왼발에 있으니 오른쪽으로 이동하는 형태 물론 중심을 이야기하는 것이다. 움직임이란 중심 이동이다. 두 발에 중심이 바닥에 같이 나누어져 있다면 정지상태. 한쪽으로 쏠려야, 들여야 기울어지고 넘어지지 않으려 중심을 옮기게 된다. 움직임의 발생이다.

한명호의 댄스아카데미

리드란? 운전이다. 자동차가 아니고 사람을 이동하게끔 유도하는 것이다. 그 수단으로는 밀고, 당기고, 틀고, 제치고, 압박을 가하고- 표현이 지나친가? 온몸을 활용 신체의 최대한 활용 가능한 모든 부분을 사용한다. 제일 많이 사용하는 것이 양손이다. 팔을 수단으로 한다. 그에는 상, 하체가 동반됨은 당연한 일이다. 손은 청진기다. 상대에게 기를 전달하고, 움직임을 느끼도록 하는 것이다. 실로 고수의 테크닉은 그 힘의 안배를 조절, 전달하는 능력이 탁월하다. A는 앞으로, B는 여성을 오른쪽으로, C는 여성을 왼쪽으로 리드하는 형태. 여기서도 다양한 형태의 테크닉이 나온다.

보디 리드의 과정 중 일부. A는 2보의 과정, B는 3보의 과정이다. 남성과 여성, 각 어느 발에 체중이 얹혀 있나 확인하자.

인체는 신비로운 것이다. 순리대로 움직이면 그게 답이다. 억지로 하려 하지 말자. 걸을 때 손과 발의 움직임, 저절로 아닌가! 왜 억지로 힘을 주는가? 체중이 얹히면 자연 힘이 원하는 방향으로 이동해 상대를 움직인다. 리드의 원리다. 중심이 확실치 않으면 가볍고, 흔들리고, 전달이 약해진다.

공격적인 방식이다. A와 B는 스웨이, C.B.M을 활용, 여성을 리드. 크로즈 상태에서 이루어지는 변화다. C는 오픈 상태에서 이루어지므로 균형과 이동을 우선한다. 똑같은 리드라도 상황에 따른 변화다.

여기서는 균형을 살핀다. 각각의 자세가 다르다. 피겨를 진행 중이라 동작마다 많은 움직임이 있지만 중요한 것은 어떠한 자세더라도 흐트러짐이 없다는 것이다. 흔들림이 없다. 중심 이동에 있어 순간적인 판단과 숙달된 테크닉이다.

어떻게 출 것인가?

어떻게 출 것인가?

어찌 추긴 뭐 특별한 것이 있겠는가?

그저 걷듯이 추면 되는 것이 아닌가! 그렇다. 걷듯이 걸으면서, 춤추듯 추면서, 때로는 빠르고, 늦기도 하고, 오르기도 하면서 내려가고, 뒤틀린 듯 이리저리 비틀면서 취권 하듯 움직이기도 하고 똑바로 하고, - 율동을 가미한 걸음걸이의 향연이요, 움직임의 본산이다.

제자리도 가능하고 나가기도 하고, 뒤로 가기도 하고 모든 것이 자유자재로 이루어지니 말이다. 전신을 이용한 움직임이다.

육체를 이용해 움직이면서 정신까지 발동시키니 심신이 일체가 되어 움직이니 이것이 춤이다. 정신적인 상황을 몸을 이용해 형상으로 표출하는 것이 춤이요, 댄스다. 여기에는 극히 자연스러움이요, 진솔함이요, 발산하는 기의 기상이다.

절로 이루어지는 것이 특성이다. 일정한 형식이 없다. 그저 움직임 자체가 그림이다. 하얀 종이 위에 형형색색의 작은 점들이 선을 이루는 것이다. 공간을 이용해 때로는 행위 자체로 움직임을 나타내는 것이다.

우주란?

매우 혼란스러운 알 수 없는 거대한 공간 같아도 그 속에 존재하는 알 수 없는 수많은 법칙 들에 의해 밀고 당기면서, 의지하며 존재하는 것이다.

댄스란?

춤이다. 언어적인 표현의 차이일 뿐 그게 그 소리다. 전신의 움직임 육체의 상하, 특히 팔다리에 의한 움직임을 매우 중시하는 보여주고 나타내는 율동이다. 동작에 의한 형상의 표출이다.

여기에는 부수적으로 많은 요소가 더 동반된다.

워크(Walks)-활용방법

많은 이들은 말할 것이다. 워크 활용 뭣이 중 한가? 워킹이 밥 먹여주나? 금방 되겠어? 그럼 뭐 하자는 건지요? 댄스라는 말도 하지 마소!

이것이 건축물을 지을 때의 기초공사다. 기초공사가 잘되면 지진도, 높은 층수도, 본인이 구상하는 멋있는 작품 같은 건축물을 만들 수 있는 것이다. 알면서도 행하지 못하는 아주 간단하면서도 할수록 댄스의 참맛을 느껴지는 과정이다. 대게의 입문자들은 말한다. 우리 진도 나갑시다! 그래요, 나가는 중입니다. 그것도 아주 빨리 말입니다. 실패하는 이유가 바로 여기에 있다. 실력 있고, 경험 많은 강사를 구별하는 척도다. 얼마나 섬세하고 정확하게 전달하는가? 그 나물에 그 밥이 되지 않으려면, 그저 짝짓기에만 신경을 쓰는 추한 댄스인이 되지 말자. 알아야 면장을 하지?

입문과정에서는 모르니 그렇다고 넘어가자. 그러면 가르치는 강사의 입장은 무엇인가? 자세히 설명 못 한다면 능력 부족이요, 엉터리 자격증 갖고 장나치는 심하게 말한다면 사기꾼이다.

무엇을 배우겠는가?

사기 댄스다. 짝퉁 댄스요, 날 나리 댄스다. 혼이 없는 멍청한 댄스다. 최소한의 기본은 갖추어진 댄스를 구사하자.

스텝, 피겨의 명칭도 모른다. 아! 그냥 추면 되지? 장난이 아니구먼! 그러니 갑갑하다. 배우는 사람의 자질도 문제다. 막말로 그저 스킨십에 환장한 불쌍한 인간에 불과한 것이다.

한국의 댄스 수준이 낙후된 중요한 원인이다. 그저 쿵, 짝만 반복하는 치매의 초기 단계다. 이런 사람들은 아예 시작하지 마라.

산책이나 하고, 주변 청소나 하는 것이 건강에 좋다. 민폐, 적폐다.

모든 피겨의 구성 기본이다. 작은 것이 모여서 큰 것을 만든다.

시냇물이 모여 강물을 이루고, 결국에는 바닷물이 되는 것이다.

당신은 어찌할 것인가?

왼발, 오른발 어느 발이 먼저?

워킹(Walking)이란 걷는 것이다?

남성의 경우 시작할 때 왼발인가? 오른발인가? 어느 발을 사용해야 맞는가? 궁금해한다. 남성의 발에 따라 여성의 발이 좌우된다. 어떤 댄스는 왼발?, 어떤 댄스는 오른발? 이래서는 안 된다.

근본적인 발의 시작점이 정확해야 한다. 착시 현상인가? 아니면 다른 방법을 잘못 이해해서 발생하는 문제인가? 를 확실히 하자.

결론부터 이야기한다면 시작 시 남성은 왼발, 여성은 오른발로 시작한다.

폭스트로트, 왈츠, 퀵스텝- - 얼핏 보면 다 오른발을 첫발로 시작하는 것이 아닌가요?

내추럴 계열로 시작하던데---?

그렇다. 그렇게 보인다. 여기서 생각할 것은 예비 보라는 것이다.

1, 2, 3, 4, 5, 6, 7, 8 또는 5, 6, 7, 8 이것이 예비보다. 홀수박자, 짝수박자-그것은 상관 없다. 예비보 끝발은 왼발이다. 결국 왼발로 시작하는 것이다. 왼발로 곧바로 시작하는 경우도 있고. 댄스는 종목이 많다. 각 종목을 차근차근 살펴보라. 이해가 갈 것이다.

예비 보가 없는 경우를 잘 살펴라.

일반인 소셜 트로트 속성 완성법

한국 사람들은 빨리, 빨리 를 좋아한다. 좋은 점도 있고, 단점도 있기 마련이지만 그런 것은 나중에 논하기로 하고 핵심인 과연 트로트를 속성으로 빨리 익힐 수가 있을까? 무슨 일이든 다 지름길은 항상 있기 마련이지만 과연 그것이 --- 약장사 소리도 아니고, 농담하자는 소리는 아닐 것인데- 있다. 누구든 다 할 수가 있다. 다만 각자의 능력에 따른 차이는 있기 마련이다. 그런 소리는 누구나 다 하는 소리? 그럼 그런 소리도 못하면 어떻게 합니까? 사실인 것을! 우선 음악을 틀고 음악을 들어봅시다. 귀가 막혔는지, 뚫렸는지! 흔히 속된 말로 뽕짝이라고 하지요? 결코 다른 의미가 없음을 양해 바랍니다. 편의상입니다. 트로트가 흔한 것이 국내 가요니까요. 요즈음은 다양하지요. 리듬도 그렇고 --

쿵, 짝 소리가 감이 오는 지요? 베이스 음을 잘 들으시면 됩니다.

낮게 깔리는 음을 잘 듣고 판단하시면 됩니다. 일단 감이 잡히면 시작합니다. 감이 안 잡히면 시작하지 마십시오. 자격 미달입니다. 소리가 잘 익혀질 때 까지 자꾸 들으셔야 합니다. 그런데 거의 다 잘 들리실 겁니다. 어려서부터 듣던 리듬이 아닙니까? 그러니까 누구나 다 할 수 있는 것이지요. 강약을 익히십시오, 쿵 소리는 강하니까 발을 약하게 찍고 짝 소리는 끊어지는 맛이 있으니까 발전체로 짝하고 바닥을 찍으시면 됩니다, 그러시면 음악을 타시는 것입니다. 음악을 타셨으면 출발을 하셔야지요.

왼발, 오른발은 구별할 줄 아시지요? 걷고, 모으고 다 됩니까?

걷는 데 불편 없으면 출발할 수 있습니다. 시작할 수 있다는 말입니다. 이제는 몸을 편한 데로 약간씩 움직여야 합니다. 막춤은 누구나 다 하지요? 그런 기분으로 약간씩만, 지나치면 맛이 간 사람으로 오해받으니까요. 우리가 걸을 때 발과 팔이 자동으로 움직여지지요? 그대로 하시면 됩니다.

이론적으로 설명하면 왼발이 앞으로 나가면 왼손은 저절로 뒤로 갑니다. 오른발도 오른손도 마찬가지입니다. 한 번 걸어보십시오. 희한할 겁니다. 안 되는 사람은 도돔바 소리 듣지요. 군대에서 제식 훈련 중 손과 발이 동시에 올라가는 고문관이지요. 양손은 허리 높이를 유지하시면 됩니다. 어깨 힘을 빼고 흔들리는 대로 놔두면 자기가 알아서 잘 움직입니다. 그래야 어깨 뭉친 근육이 풀어집니다. 이 정도면 준비는 끝!

훗트 워크 라고 해서 발동작의 움직임이 있는데 자세한 것은 동영상을 통해서 보시기 바랍니다.

일단 기본적인 걸음을 설명합니다. 발의 바닥에 닿는 부분을 판단하는 것이지요. 시청각 안내가 필요한 부분입니다. 학원에서 배우시거나 다른 곳에서 배우시더라도 일단 어느 정도 기본적인 사항은 알고 있어야 할 것으로 생각합니다. 힐과 토우라는 표현은 모던 댄스에서 사용하고 라틴 뿐에서는 볼과 힐이라는 표현으로 사용 부위가 약간은 차이가 납니다.

트로트는 모던 부분이므로 힐과 토우라는 부분을 많이 사용하지요.

이에 대한 감각은 보통 걸을 때 보다 길게 앞, 뒤로 스텝을 이동해 보면 확실하게 나타납니다. 최대한 길게 연습을 해 보십시오. 답이 나옵니다.

전진할 때 힐, 토우라는 공식보다 먼저 긴 걸음을 해보면 알지요. 연속된 토우는 까치발로 걸어보면 감각이 살아납니다. 체중을 얹고 중심을 잃지 말아야지요. 대략 기본적인 사항입니다. 까치발로 걷다 중심을 내리면 뒷꿈치 부분인 힐이 닿는 것이 느껴집니다. 다시 까치발 하는 식으로 반복을 합니다. 올라갔다 내려갔다 하는 식이지요. 반복해서 연습을 많이 하십시오.

본격적인 실전을 위한 준비로 들어갑니다. 댄스는 독학이 어렵습니다.

기초적인 사항은 가르치는 곳에서 어느 정도 알아두어야 지름길을 설명해도 이해가 빠르지요. 보조적인 방법이지만 잘 이해하시면 쉽게 터득 가능합니다. 다 오랜 시간의 경험이니까요.

우선 스텝 익히면서 진도 나갑니다.

테크닉 연습-S, &, Q

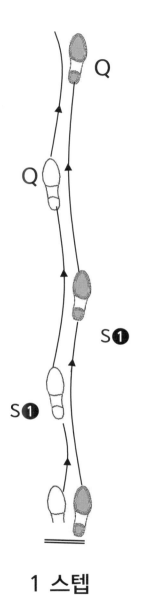

1 스텝

어느 발이든 상관없고, 한발씩 움직이는 것을 연습하는 것입니다. 중심을 잃지 말고서 말입니다. 음악을 듣고 "쿵, 짝" 하는 동안 한 발씩 움직입니다. "S" 예로 쿵 짝, 쿵 짝 두 번이면 두 발이 움직이는 것이지요. 처음 시작할 때는 두 발로 서 있는데 어느 발이 먼저 나갈 것인가 결정하면 그 반대 발에 중심을 얹고 즉 바닥에 버티면서 나아갈 발은 힘을 빼고 뒷굼치를 살짝 들어 미끄러지듯 길게 걸어봅니다. 뒤꿈치가 먼저 닿지요. 그리고 똑바로 서 보세요. 다리를 편채 힘을 주어 버티세요. 일보 전진이 끝난 것입니다. 요령은 같지요. 다른 발로 반복합니다. 이것이 원스텝의 연습입니다. 뒷부분이 먼저 닿고 다음은 앞부분 하면서 발 전체가 되는 것이지요. 앞이 닿았을 때 발이 들리면 안 됩니다. 똑바로 중심을 잡으시면 됩니다. 뒤로 가는 걸음은 지금과 반대로 하시면 됩니다. 닿는 부분이 서로 반대가 되지요. 한 발씩 하는 것이라 쉽게 생각하면 안 됩니다. 나름 까다로운 면이 많습니다. 여유가 필요합니다. 스타카토 식의 끊어주는 듯한 동작을 가미하면 더욱 좋습니다. "S',"Q" 카운트로 계산. "S, S"는 한 발씩 두 번 이라는 의미. "Q" 카운트도 마찬가지다.

S=S,&=Q,Q=Q,&,Q=QaQ=2박자---4/4박자 기준

테크닉 연습-S, &, Q

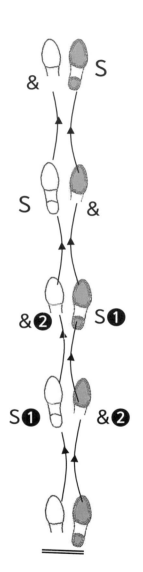

2 스텝

원. 스텝 "한 발로 하는 것이 힘드니 두 발로 행하는 것이다."라고 생각하면 편하다. 혼자 할 것을 둘이 나누어 하는 것이다. 같은 시간 안에서 이루어지는 움직임이다. 체중의 이동이 순차 적으로 이루어진다. 원. 스텝은 느림의 미학이나, 투스텝은 협력이나 움직임은 바빠진다.

왼발, 오른발이 교대로 체중을 이동하고 체중이 얹히지 않았던 발이 교대로 움직이는 아름다운 교환이다.

족형 도에 나타난 발의 일부분은 발의 앞부분을 표시한 것이다. 탭이라는 표현을 쓴다. 탭이란 댄스에서의 의미는 발의 전체가 아니 일부분을 강조하는 것이다. 때로는 발 전체를 지칭도 하나 가볍게 탁! 치는 듯한 터치다. 부분적인 강조가 강하다.

발의 앞부분을 이용한 워킹이다. 바로 움직이어야 하므로 뒷부분인 힐보다는 앞부분인 볼 부분 그중에서도 끝부분인 토우의 사용도 동시 강조한다. 워킹에서는 볼 정도만 해도 훌륭하다. 두 발이 모여진다고 해서 2스탭 이라 본다는 것은 약간 견해상의 의론이 나온다. 엄밀한 2 스탭과 잠시 모여진 두발의 상태는 다른 해석도 나온다. 그것은 후에 논하고.

S=S,&=Q,Q=Q,&,Q=QaQ=2박자---4/4박자 기준

댄스스포츠-❶

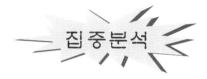

테크닉 연습-S, &, Q, a

한 발에 체중이 두 번 실리면서 양발을 사용하여 이동하는 움직임이다. 체중이 실린다는 것은 스트레칭이 완전히 이루어짐을 말한다. 댄스에서의 워킹은 스트레칭이 기준이 된다.

한발로 이루어지는 경우, 두 발로 이루어지는 경우, 세발로 이루어지는 경우도 있다. 네발로 이루어진다는 것은 두발의 반복이므로 성립이 안 된다. 워킹에 있어 스텝은 스리스텝까지 세 종류로 분류가 된다. 여기서 설명하는 것이 그 중 마지막으로 스리스텝이 된다. 스리스텝은 중간에 &,a가 삽입되어 흐름을 이어간다. 스트레칭은 한 번에 두 번 연속 할 수가 없다.

두 번 연속이 이어진다는 것은 개체가 두 번 작용한다는 설명으로 각각 하여 2보로 이루어져 두 번의 움직임 설명이어서 스텝으로 본다면 완전한 원. 스텝의 이동이라 보아야 함이 옳다.

두 발이 모아진다고 2 스텝 이라 볼 수 없는 이유가 여기에 있다.

블루스와 트로트의 차이가 여기에서 나타난다.

왈츠나 퀵스텝 역시 다 마찬가지다. 2 스텝의 활용이 많은 것은 블루스 리듬 자체의 특성상 나타나는 결과다. 블루스도 선수들은 원 스텝과 스리 스텝을 주로 사용한다. 2 스텝은 상황 따라 스치듯 지나는 형상으로, 느린 움직임으로 처리한다.

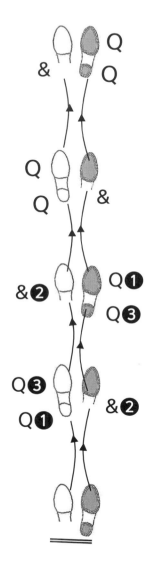

3 스텝

S=S,&=Q,Q=Q,&,Q=Q,a,Q=2박자---4/4박자 기준

한명호의 댄스아카데미

Q 은 1박자, S는 2박자=4/4박자 기준. Q 은 단독 개체로 작용 2/4 박자
에서는 반 박자, 한 박자로 사용. 댄스의 특징은 발의 순리다. 왼발, 오른
발 차례대로 전진한다. Q, Q의 두 발 모아짐은 2 스텝이 아니다.

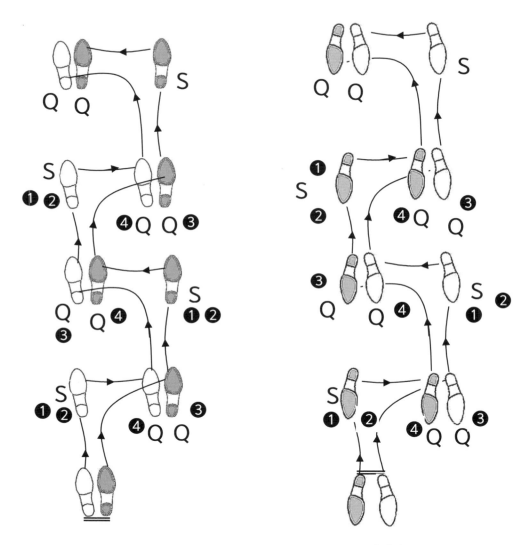

이것이 완벽해 지면 피겨를 연습하라. 장 폭으로 말이다.
왼발, 오른발 차례대로

남성은 왼발부터 전진하며 진행한다. 여성은 상대적이므로 오른발부터 후진
한다. S,➡Q,➡Q의 진행 연습이다. 후진도 병행 연습.

워크(Walks) 의 기본 활용.

걷는 것이란? 발을 즉 다리를 이용해 몸 전체, 신체를 이동하는 것이다. 사람에게 발은 왼발, 오른발 2이다. 왼발로 먼저 이동, 혹은 오른발로 이동. 양자 중 어느 한쪽이 앞이든, 뒤든, 옆이든 먼저 몸을 끌고 가면 이동이 된다. 이것을 진행이라는 표현으로 한다. 전제 조건은 계속 진행이 되어야 한다는 것이다.

걷는 것이란? 속도에 따라 표현이 달라진다. 너무 빠르면 뛴다는 표현이요, 오르내림이 심하면 뛴다는 표현이다. 댄스에서는 모든 것을 표현한다. 그것을 얼마나 예술적으로 동적, 정적으로 우아하고 아름답게 표현을 하는가? 이 정도로 각설하고---강약, 느리고 빠름, 방향전환 등 기타 많은 요소를 포함해 잘 표현하는가? 감동을 얼마나 줄 것인가?

걸음에도 빠른 걸음, 느린 걸음, 보통속도의 걸음----

변화란? 모든 것의 종합이 우선이다. 즉 다양하게 나타난다는 것이다. 그것이 연속될 때 나타난다. 댄스에서 워킹은 변화의 연속이다. 그것이 올바른 워킹이다. 발이 둘이므로 나타나는 조합의 한계가 있다.

◉ 기본변화	1보-1	1보-2	1+2-2보, 3보로 전환 가능
❶ 변화	1a-3:1 (2보로 전환)	2a-3:1 (2보로 전환)	1+2-1,2 (1보 2보 합)-단순2보
❷ 변화	1&-2:2 (2보로 전환)	2&-2:2 (2보로 전환)	1a2-3:1:4, (3보로 바뀐다) 1&2-2:2:4, (3보로 바뀐다)
❸ 변화			1,2a-4:3:1(3보로 바뀐다) 1,2,&-4:2:2(3보로 바뀐다)

S, Q, Q의 정석 활용-실전

S, Q, Q의 정석 활용이란?

홀수와 짝수의 개념이다. 각각의 개체를 하나로 본다. 자연 셋이라는 결론이 나온다. 홀수다. 짝수가 되기 위해서 'S'를 다시 'Q, Q'으로 쪼개면 "Q, Q, Q, Q" 넷으로 변해 짝수가 된다.

여기서 체와 용이라는 말이 나온다. 실제로 사용은 홀수로 사용이 되나 체질 자체는 짝수라는 것이다. 홀수는 불완전한 것이다. 반만 이룬 것이다. 짝수가 되어야 완전한 결정체가 된다는 말이다. 댄스에 있어 모든 피겨의 구성이 이 원리에 의해 이루어져 있다는 것이다.

짧은 피겨 중 하나인 링크를 보자. Q, Q이다. Q 이 둘로 구성된 것이다. 짝수다. 만약 'Q'만 진행이 된다면 누구나 "어!" 할 것이다.

그러나 "Q, Q' ➡ 무엇인가 작은 범위지만 무슨 피겨? 할 것이다.

'S, S' ➡ 역시 마찬가지. 이루어짐이다.

S.Q.Q을 2회 반복해보자. S.Q.Q, S.Q.Q 한 덩어리가 이루어진 것이다.

S.S.Q.Q ➡ 각각 개체로 본다면 4이다. 벌써 이루어진 것이다.

무엇일까?

S.S.Q ➡ 이것은 잘못된 조합이다. S와 Q 이 어울려도 부정합이다.

S, Q, Q, Q ➡ 이것 역시 잘못된 조합이다. 각 개체로 볼 때는 4라 짝수인 것 같아도 잘못된 것이다. 예를 들자면 매우 많지만, 이 정도만 해도 대략 감을 잡을 것이다. 간단한 것 같아도 이것이 기본적인 원리요, 공식이다. 카운트는 변화가 무궁하다. 이것을 무시한 피겨는 '엉터리!'라고 감히 단언할 수 있다. 이제부터는 실전으로 들어가자. 몸으로 부딪혀보자. 가장 기본적이면서도, 이 부분에 많은 시간을 할애한 사람이 안정적이고 유연한, 여유 있는 댄스를 구사한다는 것을 선배들이 입증하고, 권장하는 이유다. 모든 운동이 기본동작이 중요하듯 댄스 역시 마찬가지다. 워킹!

제1장

✌American Style-Fox Trot (소셜 폭스 트로트)

어떤 경우는, "인디 댄스"라는 표현도 한다.
글쎄?

한명호의 댄스아카데미

베이식 박스 스텝(Basic Box Step)

모던 댄스에 있어서 라틴의 경우 룸바도 공통 기본으로 행하는 과정. 발의 훗트 워크, 라이즈 앤 폴, 스웨이 등--등을 같이 익히면서 숙달할 수 있다. 남성은 체중을 오른발에 두고 왼발 전진할 준비를 한다.

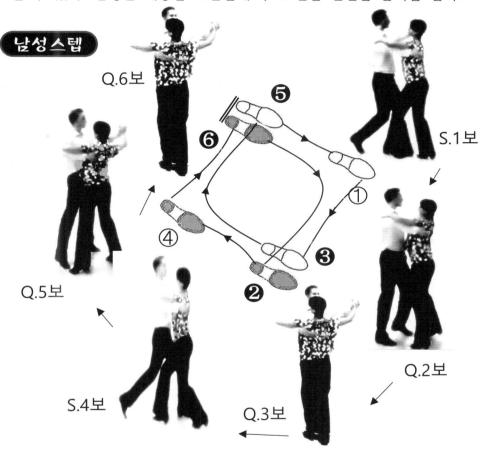

	1보	2보	3보	4보	5보	6보
발동작	H.T	T	T.H	T.H.T	T	T.H
회전량	회전량 없음					
스웨이	S	L	L	S	R	R
타이밍	S	Q	Q	S	Q	Q
C.B.M	1, 4보에서 행해진다. (실전)					

한명호의 댄스아카데미

베이식 박스 스텝(Basic Box Step)

여성스텝 여성은 체중을 왼발에, 오른발 후진 준비.

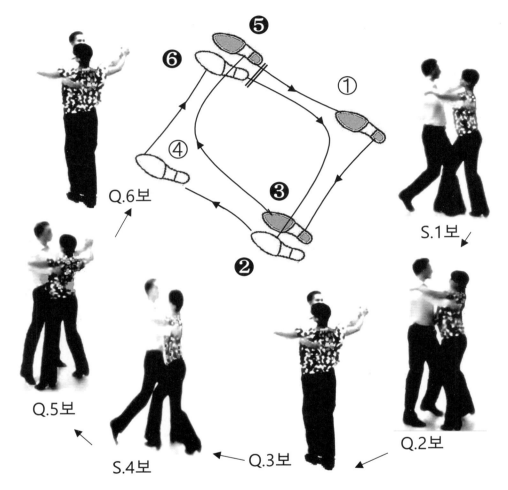

Q.6보
S.1보
Q.5보
S.4보
Q.3보
Q.2보

	1보	2보	3보	4보	5보	6보
발동작	T.H.T	T	T.H	H.T	T	T.H
회전량	회전량 없음					
스웨이	S	R	R	S	L	L
타이밍	S	Q	Q	S	Q	Q
C.B.M	1, 4보에서 행해진다. (실전)					

크로즈 체인지(Closed Change)-LF-전진

크로즈 체인지 에는 왼발을 전진하는 경우, 오른발을 전진하는 경우가 있다. 왼발 전진의 경우 설명이다.

A 옆으로 전진하는 경우.
남성은 오른쪽, 여성은 왼쪽

B
옆으로 해서 앞으로 비스듬히
사선으로 전진, 방향은 같다.
회전량이 없다. A,B 공통

S.1보

남성스텝

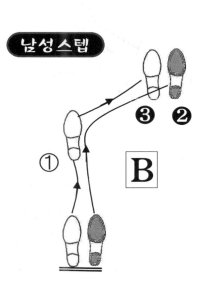

Q.3보

Q.2보

	1보	2보	3보	앞으로 와 옆으로의 차이
발동작	H.T	T	T.H	업, 다운은 기본과 동일
회전량	회전량 없음			시작과 끝이 같은 방향
스웨이	S	L	L	폭에 따른 변화가 있다,
타이밍	S	Q	Q	&를 사용하기도 한다.(실전)
C.B.M	1보에서 행해진다. (실전)			

왈츠의 경우는 1,2,3의 순서에 따라 행하면 된다.

한명호의 댄스아카데미

크로즈 체인지(Closed Change)-LF-전진

남성이 전진하면, 여성은 후진한다. 때로는 동행하기도 하는데 맞은편에서 서로를 보완하고, 같은 위치에서는 앞뒤로 위치하면서, 항상 남녀는 상대적인 상황이 이루어진다. 스텝의 명칭은 남성을 기준으로 정해진다.

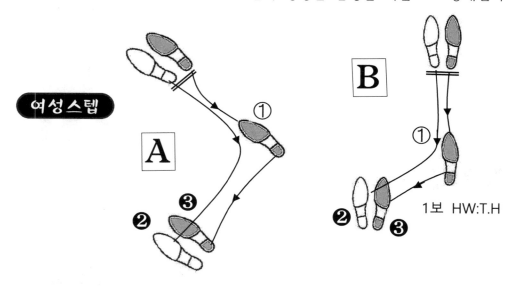

비스듬이 라는 부분에 대한 주의가 필요하다. 리드 시 힘이 강약에 대한 안배와 리더의 타이밍에 대한 사항이다. 회전량이 없으므로 크게 신경을 안 쓸 것 같으나 이 또한 만만치가 않다. 흔들림과 정지상태의 이어짐이 나타나므로 오히려 더 불편한 결과가 나오기도 한다. 초심자의 경우 각을 제대로 정하지 못하는 단점이 나타난다. 남성, 여성 마찬가지

	1보	2보	3보	앞으로 와 옆으로의 차이
발동작	T.H.T	T	T.H	업, 다운은 기본과 동일
회전량	회전량 없음			시작과 끝이 같은 방향
스웨이	S	R	R	폭에 따른 변화가 있다,
타이밍	S	Q	Q	&를 사용하기도 한다.(실전)
C.B.M	1보에서 행해진다. (실전)			

왈츠의 경우는 1, 2, 3의 순서에 따라 행하면 된다.

크로즈 체인지(Closed Change)-LF-전진

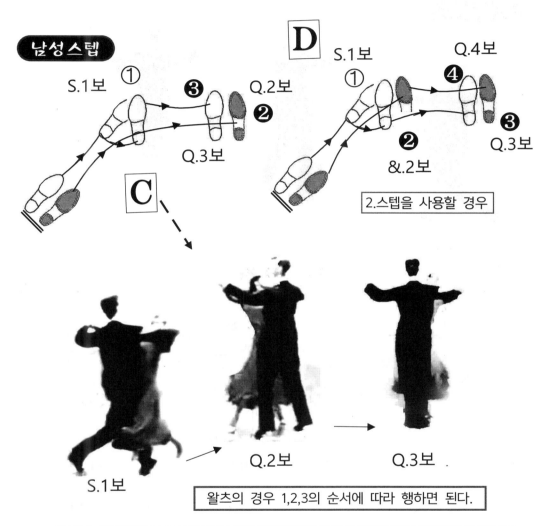

남성스텝

S.1보 ① ❸ Q.2보
❷
Q.3보

C

D
S.1보 ① ❹ Q.4보
❷ ❸
&.2보 Q.3보

2.스텝을 사용할 경우

S.1보 Q.2보 Q.3보

왈츠의 경우 1,2,3의 순서에 따라 행하면 된다.

	1보	2보	3보	앞으로 와 옆으로의 차이
발동작	H.T	T	T.H	업, 다운은 기본과 동일
회전량	1-2 보 에서 좌로 1/8			
스웨이	S	L	L	폭에 따른 변화가 있다,
타이밍	S	Q	Q	&를 사용하기도 한다.(실전)
C.B.M	1보에서 행해진다. (실전)			

크로즈 체인지(Closed Change)-RF-후진

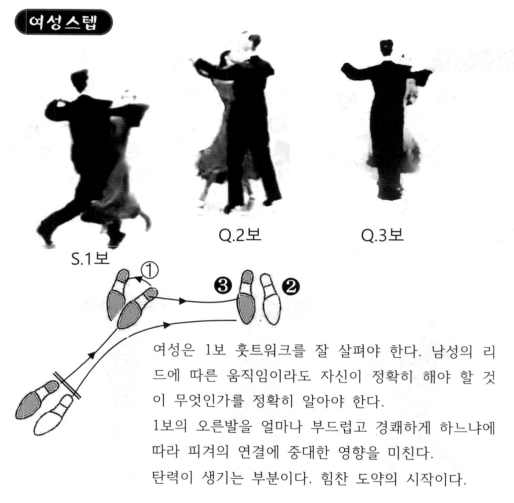

여성스텝

Q.2보　　　Q.3보

S.1보

여성은 1보 훗트워크를 잘 살펴야 한다. 남성의 리드에 따른 움직임이라도 자신이 정확히 해야 할 것이 무엇인가를 정확히 알아야 한다.

1보의 오른발을 얼마나 부드럽고 경쾌하게 하느냐에 따라 피겨의 연결에 중대한 영향을 미친다.

탄력이 생기는 부분이다. 힘찬 도약의 시작이다.

	1보	2보	3보	앞으로 와 옆으로의 차이
발동작	T.H.T	T	T.H	업, 다운은 기본과 동일
회전량	회전량 없음			시작과 끝이 같은 방향
스웨이	S	R	R	폭에 따른 변화가 있다,
타이밍	S	Q	Q	&를 사용하기도 한다.(실전)
C.B.M	1보에서 행해진다. (실전)			

왈츠의 경우는 1,2,3의 순서에 따라 행하면 된다.

크로즈 체인지(Closed Change)-RF-전진

남성스텝

A

① ❸ ❷

Q.3보 ← Q.2보 ← S.1보

B

Q.3보 S.1보
❸ ①
❷
Q.2보

오른발 전진의 크로즈 체인지다. 내츄럴 계통의 진행을 의미하고 방향선을 향함을 뜻한다. 1보에서의 변화가 중요한 작용을 한다.

왈츠의 경우는 1,2,3의 순서에 따라 행하면 된다.

크로즈 체인지(Closed Change)-RF-전진

남성스텝

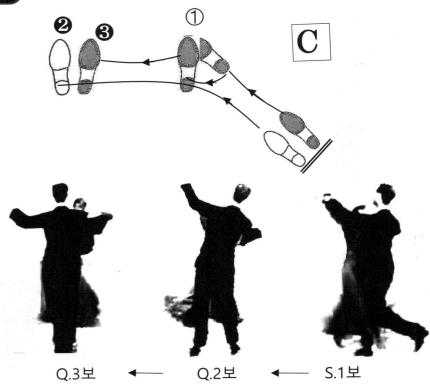

Q.3보 ← Q.2보 ← S.1보

1보에서 오른쪽으로 1/8 회전량을 첨가한 변화다. 경우에 따라 회전량의 가감으로 인해 여러 형태가 나타난다.

	1보	2보	3보	앞으로 와 옆으로의 차이
발동작	H.T	T	T.H	업, 다운은 기본과 동일
회전량	1-2 보 에서 우로 1/8			
스웨이	S	R	R	폭에 따른 변화가 있다,
타이밍	S	Q	Q	S,&을 사용하기도 한다.(실전)
C.B.M	1보에서 행해진다. (실전)			

왈츠의 경우는 1,2,3의 순서에 따라 행하면 된다.

크로즈체인지(Closed Change)-LF-후진

여성스텝

Q.3보 ← Q.2보 ← S.1보

A

Q.3보   S.1보
❸   ①
❷
Q.2보

이 피겨는 크로즈 상태에서 이루어진다. 인라인 상태에서 행한다.

	1보	2보	3보	앞으로 와 옆으로의 차이
발동작	T.H.T	T	T.H	업, 다운은 기본과 동일
회전량	회전량 없음			시작과 끝이 같은 방향
스웨이	S	L	L	폭에 따른 변화가 있다,
타이밍	S	Q	Q	S,&을 사용하기도 한다.(실전)
C.B.M	1보에서 행해진다. (실전)			

왈츠의 경우는 1,2,3의 순서에 따라 행하면 된다.

크로즈 체인지(Closed Change)-LF-후진

여성스텝

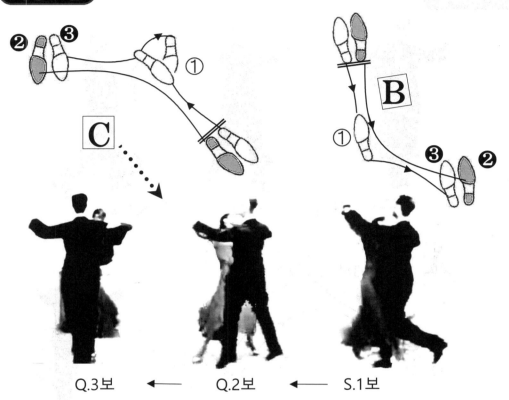

Q.3보 ← Q.2보 ← S.1보

여성은 후진하는데 1보 왼발에 체중을 얹고 중심 유지. 훗트 워크의 번거로움으로 인해 힐턴하는 경우도 있다. 그리 권장 사항은 아님. (간격, 시간)

	1보	2보	3보	왼, 오, 왼
			왈츠의 경우는 1,2,3의 순서에 따라 행하면 된다.	C
발동작	T.H.T	T	T.H	업, 다운은 기본과 동일
회전량	1- 2보 에서 우측1/8			시작과 끝이 같은 방향
스웨이	S	L	L	폭에 따른 변화가 있다,
타이밍	S	Q	Q	S,&을 사용하기도 한다.(실전)
C.B.M	1보에서 행해진다. (실전)			

연결 연습-(Association)

각각을 연결함에 있어 꼭 이렇게 해야 한다 하는 것은 없다. 다만 보편타당성, 또는 구사하는 개인의 취향에 따라 약간의 차이는 있게 마련이다. 중요한 것은 합리적인 방식에 의한 공식에 의해 진행되어야 한다.

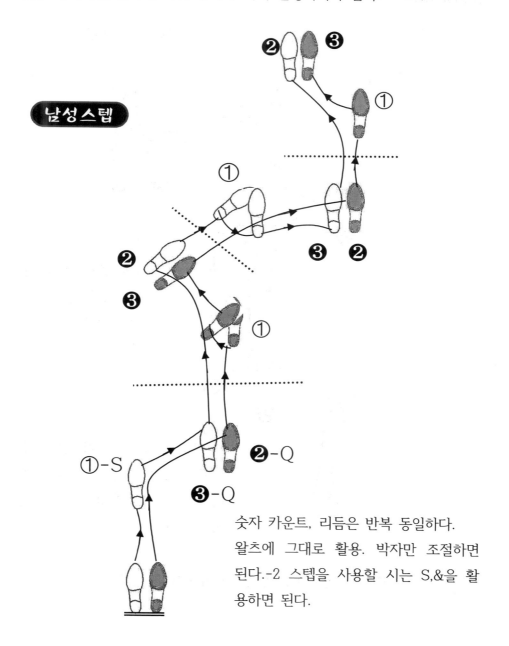

남성스텝

숫자 카운트, 리듬은 반복 동일하다.
왈츠에 그대로 활용. 박자만 조절하면
된다.-2 스텝을 사용할 시는 S,&을 활
용하면 된다.

포워드 워크(Forward Walks)

전진 워크다. 그냥 앞으로 가기만 하면 될 것인가?

여성스텝

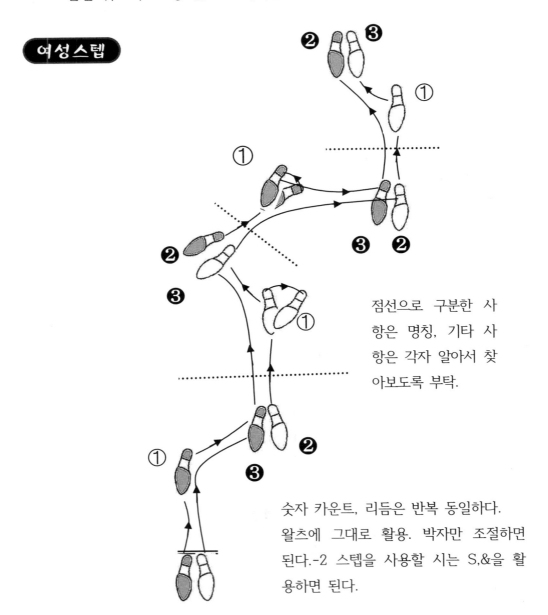

점선으로 구분한 사항은 명칭, 기타 사항은 각자 알아서 찾아보도록 부탁.

숫자 카운트, 리듬은 반복 동일하다. 왈츠에 그대로 활용. 박자만 조절하면 된다.-2 스텝을 사용할 시는 S,&을 활용하면 된다.

왈츠의 경우는 1,2,3의 순서에 따라 행하면 된다.

후진 워크(Backward Walks)

남성스텝

크로즈 포지션으로 진행되는 피겨다. 후진 피겨 역시 마찬가지다.

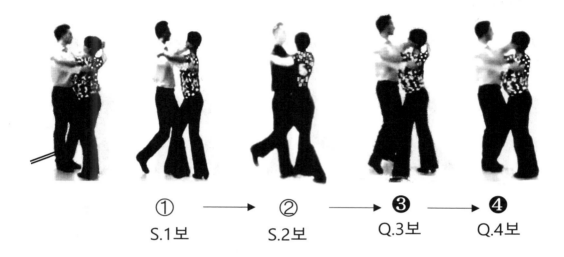

① ━━━▶ ② ━━━▶ ❸ ━━━▶ ❹
S.1보　　　　S.2보　　　　Q.3보　　　Q.4보

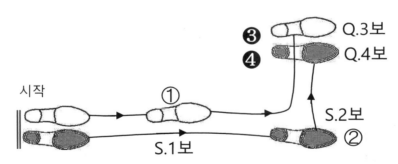

	1보	2보	3보	4보	왼, 오, 왼, 오
발동작	H.T	H.T	T	T.H	
회전량	회전량 없음				전진, 전진, 사이드
스웨이	S	S	R	R	쇼울더 리드 사용
타이밍	S	S	Q	Q	2스텝 사용가
C.B.M	1,2보에서 행해진다. (실전)				탄력을 활용

전진 워크(Forward Walks)-사이드

여성은 뒤로 가면서 왼발에서 걸음을 멈추고 오른쪽으로 진행한다.

여성스텝

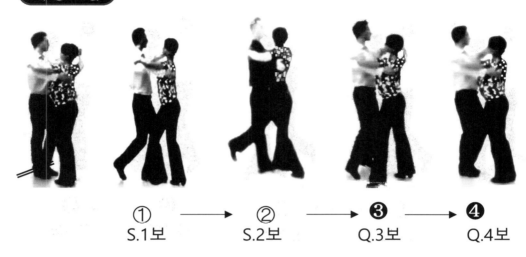

①	②	❸	❹
S.1보	S.2보	Q.3보	Q.4보

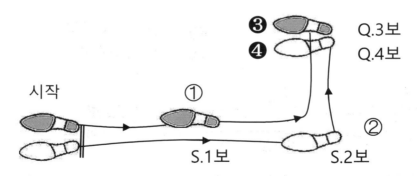

	1보	2보	3보	4보	오, 왼, 오, 왼
발동작	T.H	T.H.T	T	T.H	
회전량	회전량 없음				후진, 후진, 우로
스웨이	S	S	L	L	쇼울더 리드사용
타이밍	S	S	Q	Q	2스텝 사용가
C.B.M	1, 2보 에서 행해진다. (실전)				탄력을 활용

1/4 우회전 전진 워크(Forward Walks)

남성스텝

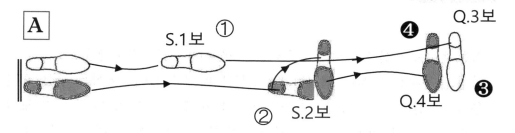

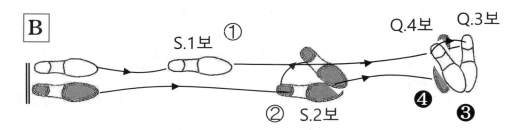

- ☞ 크로즈포지션으로 진행되는 피겨다.
- ☞ 시작 시 남성은 왼발을 첫발로 내딛는다.
- ☞ 오른쪽으로 회전이 이루어진다.
- ☞ 회전의 방향은 항상 남성을 기준으로 하여 정해지나 여성 역시 같이 움직이므로 방향은 같아진다. 역(逆)으로 이루어지기도 한다.

A B

	1보	2보	3보	4보	왼, 오, 왼, 오
발동작	H.T	H.T	T	T.H	
회전량	2-3 보 에서 1/4, B는 2-3 보-1/8, 3-4 보-1/8				
스웨이	S	S	R	R	가급적 약하게
타이밍	S	S	Q	Q	2스텝 사용가
C.B.M	1, 2 보에서 행해진다. (실전)				탄력을 활용

1/4 우회전 전진 워크(Forward Walks)

여성스탭

일반적으로 소셜 댄스에서는 "S"를 중복 사용 하는 경우가 많다.
여성의 경우는 남성이 전진할 때 후진을 하게 되는데 "여성은 항상 후진을 많이 한다."는 고정관념은 버려라. 전진 경우도 많이 나온다. 2 보의 훗트워크를 잘 살펴야 한다. 남성도 마찬가지다. 후진하며 행하는 피겨를 할 경우 토우,힐의 사용이 많다. (피겨 방향은 남성을 기준.)

S.1보 ⟶ S.2보 ⟶ Q.3보 ⟶ Q.4보

	1보	2보	3보	4보	오, 왼, 오, 왼
발동작	T.H	T.H	T	T.H	2보-T.H.T-가능변형
회전량	2-3보에서 오-1/4,				우회전
스웨이	S	S	L	L	가급적 약하게
타이밍	S	S	Q	Q	2스텝 사용가
C.B.M	1, 2보에서 행해진다. (실전)				탄력을 활용

후진 워크(Backward Walks)

남성이 후진할 때 여성은 전진한다. 남성이 전진할 때, 여성은 후진하고 상대적이다. 주의할 점은 2보에서 남성 오른발의 위치다. 인사이드인가? 아웃사이드인가? 형상이 달라진다.

남성스텝

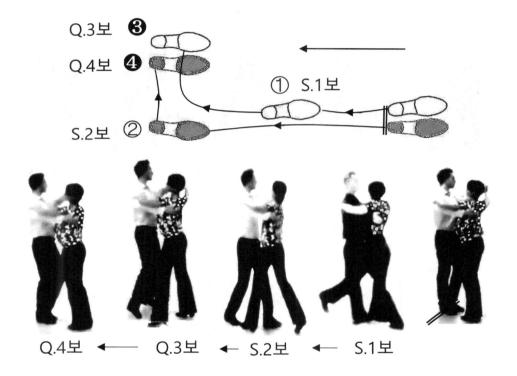

	1보	2보	3보	4보	왼, 오, 왼, 오
발동작	T.H	T.H.T	T	T.H	후진,L-사이드
회전량	없음				
스웨이	S	S	R	R	쇼울더 리드사용
타이밍	S	S	Q	Q	2스텝 사용가
C.B.M	1, 2보 에서 행해진다. (실전)				탄력을 활용

한명호의 댄스아카데미

여성 전진 워크(Backward Walks)

남성이 후진할 때 여성은 전진한다. 남성이 전진할 때 여성은 후진하고 상대적이다. 주의할 점은 남성의 리드에 있어 C.B.M에 주의해야 한다.
평상적 워크는 별 상관이 없다.

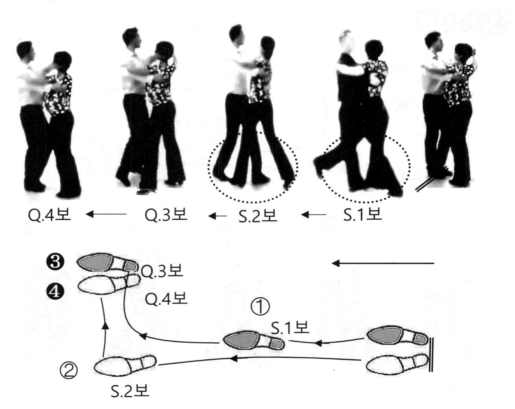

Q.4보 ← Q.3보 ← S.2보 ← S.1보

❸ Q.3보
❹ Q.4보
① S.1보
② S.2보

	1보	2보	3보	4보	오, 왼, 오, 왼
발동작	H.T	H.T	T	T.H	전진, R-사이드
회전량		없음			
스웨이	S	S	L	L	쇼울더 리드
타이밍	S	S	Q	Q	2스텝 사용가
C.B.M	1, 2보에서 행해진다. (실전)				탄력을 활용

후진 워크(Backward Walks)-좌회전

남성이 후진하면서 방향을 전환하는 경우다. 3보에서 좌로 방향을 선회한다.
2보 후반부에서 예비 리드가 준비되어야 한다.
확실한 C.B.M.이 동반된다.

남성스텝

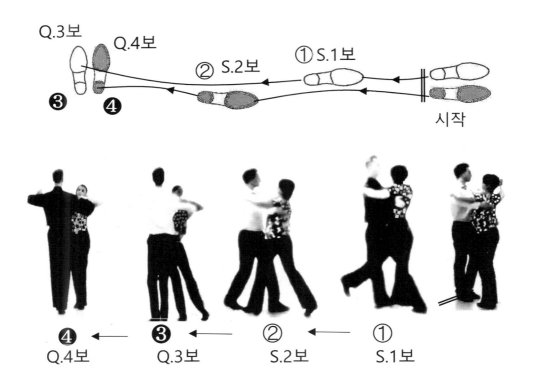

	1보	2보	3보	4보	왼, 오, 왼, 오
발동작	T.H	T.H	T	T.H	2보-T.H.T-변형가
회전량	2- 3보 에서 1/4				
스웨이	S	S	R	R	쇼울더 리드 사용
타이밍	S	S	Q	Q	2스텝 사용가
C.B.M	1, 2 보 에서 행해진다. (실전)				탄력을 활용

한명호의 댄스아카데미

후진 워크(Backward Walks)-좌회전

여성은 전진하면서 진행한다. 3보에서 강하게 좌회전을 한다.
시선을 향하는 것은 계속 한 방향이다.

여성스텝

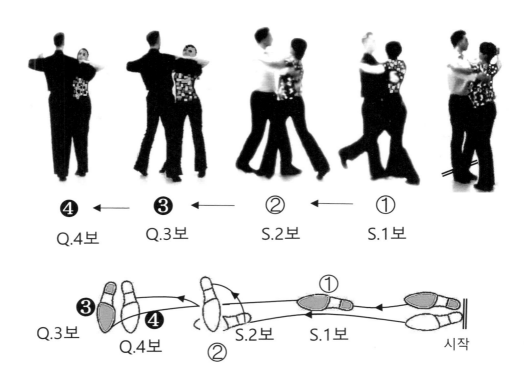

❹ ← ❸ ← ② ← ①
Q.4보　　Q.3보　　S.2보　　S.1보

❸ Q.3보　　❹ Q.4보　　② S.2보　　S.1보　　①　　시작

	1보	2보	3보	4보	오, 왼, 오, 왼
발동작	H.T	H.T	T	T.H	전진, L-사이드
회전량	2- 3보 에서 1/4				
스웨이	S	S	L	L	쇼울더 리드 사용
타이밍	S	S	Q	Q	2스텝 사용가
C.B.M	1, 2보 에서 행해진다. (실전)				탄력을 활용

- 66 -

사이드 발란스 - 스윙 피겨

제자리에서 좌우로 체중을 이동하며 행하는 피겨다. 셔플을 연상하게 하는 피겨다. 발란스 유지와 약간의 스윙, 스웨이 등이 가미되기도 한다.
(2 스텝을 사용하는 것이 편하다.-권장사항)

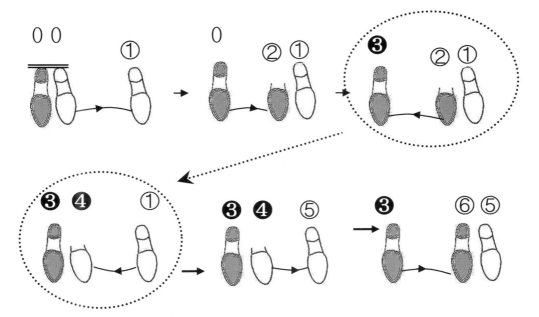

발의 일부분만 있는 것은 발 전체가 아니라 발의 앞부분, 주로 볼을 이야기 하나 가볍게 바닥을 톡 건드리며 차는 기분으로 행하면 된다. 이 탭 동작은 탭 한 그 발을 다음에 바로 사용한다는 것을 전제로 한다. 즉 탭하고 바로 다음 동작을 행한다.

여기에서 중요한 것이 있다. 사이드 스텝 워크다. 일반적으로 훗트워크하면 전진과 후진, 회전등 -생각하기 나름인데 실제로 사이드 스탭의 경우는 훗트워크가 더 까다롭다. 라틴의 경우도 마찬가지다. 모던에서만 중요시 하는 것이 아니다. 따로이 공간을 설정하니 많은 참조 바랍니다.

사이드스텝 발 사용법(훗트 워크)

사이드 스텝 활용한 피겨는 샤세가 대표적으로 거론된다. 좌우 옆으로 이동하는 것이라 그렇다. 라틴의 경우는 더더욱 중요하다. 신속한 시간이 흐름을 좌우하는 테크닉이 되기 때문이다. 일반적으로 많은 분 들을 상대하여 강의를 해봐도 크게들 신경을 쓰지를 않는다. 자연스럽게 게가 움직이듯 옆으로 움직이는 것은 브레이크 동작을 스스로들 알아서 잘하기 때문이다. 왜? 넘어지니까? 반사작용이다. 숙달된 숙련자들도 사이드스텝, 훗트워크를 보면 어느 정도 수준? 가능성 있는 몸의 부드러움을 갖고 있나 알 수 있다.

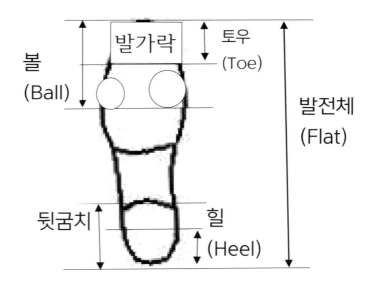

자동차가 움직이는 것은 바퀴에 동력이 전달되어 구동되므로 차체가 일사분란하게 움직이는 것이다. 댄스에 있어서 발의 역할이 무엇인지는 잘 알 것이다. 무조건 걸으면 건강에 좋다는 무책임한 소리보다는 어떻게 걷고, 어떻게 움직이는 가 방법을 가르쳐주어야 한다. 사람은 걷는 것을 보면 그 사람의 건강 및 모든 것을 알 수 있다. 그만큼 중요한 것이다. 삽질하는 걸음을 할 것인가?

발의 부위 활용법(훗트 워크)

보통 앞부분을 Edge 라 표현한다.–엄지 발가락과 그 주변이 단단한 부분. 실질적으로 난이도 높거나, 회전량이 까다롭거나, 많을 때 숙련 된 사람들이 주로 애용하는 부분이다.

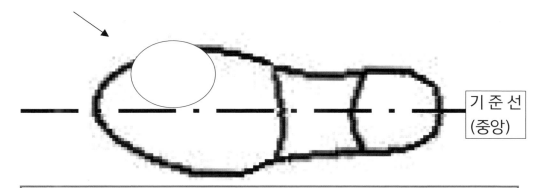

기 준 선
(중앙)

발의 기준선을 잘 알고 대처하면서 활용하는 것이 발을 잘 사용하는 것이다. 왜? 발의 안쪽과 바깥쪽을 정확하게 알고 체중을 이동하는 것이다.

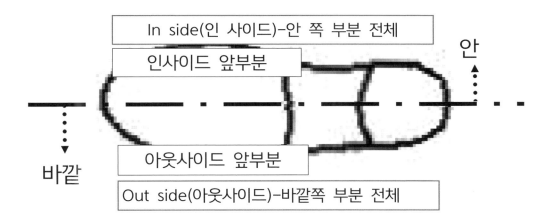

In side(인 사이드)–안 쪽 부분 전체

인사이드 앞부분

아웃사이드 앞부분

Out side(아웃사이드)–바깥쪽 부분 전체

안

바깥

순서–양발 공통–❶인사이드Edge, 또는 인사이드 전체–❷발전체–❸아웃사이드Edge, 또는 아웃사이드 전체–❹인사이드Edge

사이드 발란스 - 스윙 피겨

여성은 5보와 6보에서 회전을 하기도 한다. 여성은 원 포인트 턴을 하기
도 한다. 개인의 능력에 따라 회전 양을 조절하기도 한다.

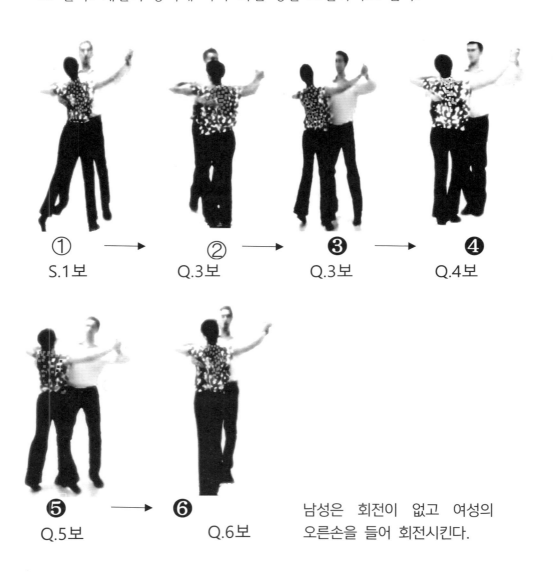

① → ② → ❸ → ❹
S.1보   Q.3보   Q.3보   Q.4보

❺ → ❻
Q.5보   Q.6보

남성은 회전이 없고 여성의
오른손을 들어 회전시킨다.

록. 턴(Rock Turn)

❶ 록턴은?

적은 공간, 막힌 공간, 돌발적인 상황, 아름다운 연결의 다양함 등에서 이루어지는 움직임이다.

❷ 록턴은 진행을 한 곳으로 고집하는 것이 아니라 다양한 진행을 추구하는 것이다. 그중 하나가 방향을 의도적으로 전환하는 것이다.

진행의 방법에는 직선과 곡선이 있다.

❸ 록턴은?

직선과 곡선을 이용해 방향을 바꾸는 것이다. 그것도 최대한 적은 스텝을 사용해 사용하는 것이다.

☞ 회전이란 곡선으로의 진행이다.

곡선이란 휘어짐이니 이는 자의 던 타의든 방향전환을 전제로 하는 것이 된다.

☞ 선행, 후행 연결은 선택사항, 여러 방향이 있으나 오른쪽으로의 방향전환, 왼쪽으로의 방향전환이 대표적인 경우다.

앞으로 움직임을 행한 후 이루어지는 방향전환,

뒤로의 나아감을 행한 후 이루어지는 방향전환이다.

무슨 일을 처리해도 시작과 끝이 있기 마련이다.

어떤 피겨를 행하든, 댄스에서는 항상 선행과 후행이 있는 것이다.

남성과 여성 크로즈 상태를 이루면서 행한다. 이것 역시 아웃 사이드와 인사이드가 병행된다. 선택은 구사자의 능력에 따라 선택된다.

✪ 선장은 남성이다. 진행의 선택권은 남성이 좌우한다. 핸들을 쥐고 있다. 인사이드, 아웃사이드의 확실한 구별을 미리미리 신호를 보내야 여성이 편하다. 멍하니 쳐다보듯 행한다면 여성은 말할 것이다. "뭐 하자는 겁니까?" "놀자는 겁니까?"

한명호의 댄스아카데미

록턴(Rock Turn)- 우회전

남성스텝

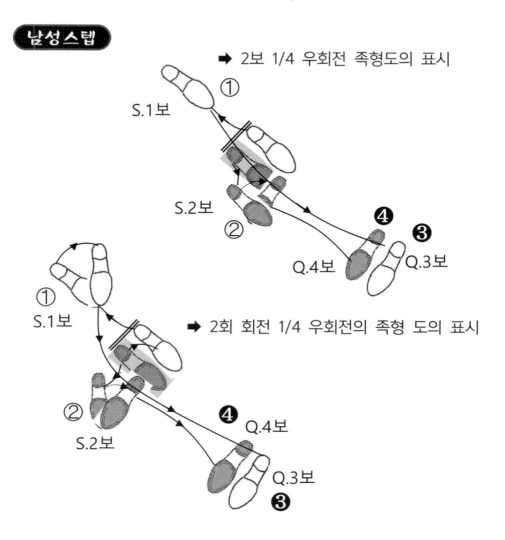

➡ 2보 1/4 우회전 족형도의 표시

S.1보

①

S.2보

②

❹ ❸

Q.4보 Q.3보

① S.1보

➡ 2회 회전 1/4 우회전의 족형 도의 표시

②

S.2보

❹ Q.4보

Q.3보

❸

	1보	2보	3보	4보	왼,오,왼,오
발동작	T.H	H.T	T	T.H	후진,전진,L-사이드
회전량	2-3보 사이 1/4, 1-2보 -1/8, 2-3보-1/8				오른쪽 회전
스웨이	S	S	R	R	쇼울더 리드사용
타이밍	S	S	Q	Q	2스텝 사용가
C.B.M	1, 2보에서 행해진다. (실전)				탄력을 활용

록 턴(Rock Turn)- 우회전

남성스텝

➡ 2회 회전 1/4 우회전의 족형도의 진행 과정

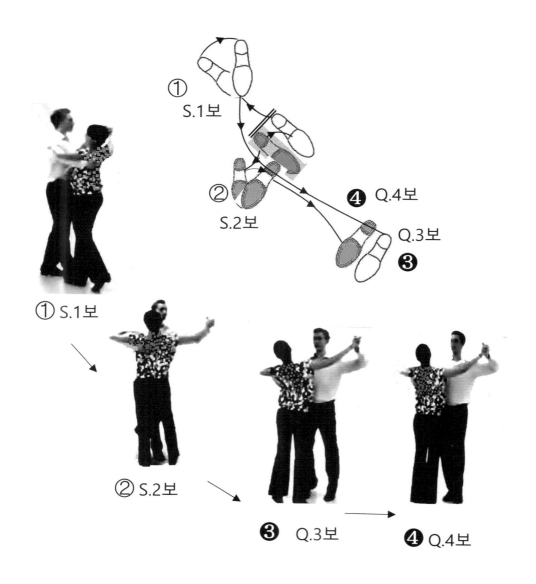

① S.1보

② S.2보

❸ Q.3보

❹ Q.4보

록 턴(Rock Turn)- 우회전

여성스텝

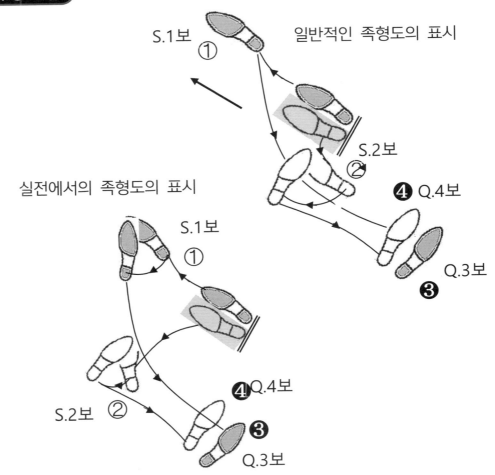

S.1보 ①

일반적인 족형도의 표시

S.2보 ②

❹ Q.4보

실전에서의 족형도의 표시

S.1보 ①

Q.3보 ❸

❹ Q.4보

S.2보 ②

❸ Q.3보

	1보	2보	3보	4보	오, 왼, 오, 왼
발동작	H.T	T.H.T	T	T.H	전진,후진,R-사이드
회전량	1- 2보-1/8, 2- 3보 사이 1/8				전체-1/4
스웨이	S	S	R	R	쇼울더 리드사용
타이밍	S	S	Q	Q	2스텝 사용가
C.B.M	1, 2보에서 행해진다. (실전)				탄력을 활용

록 턴(Rock Turn)- 우회전

실전에서의 족형도로 보는 여성 피겨.

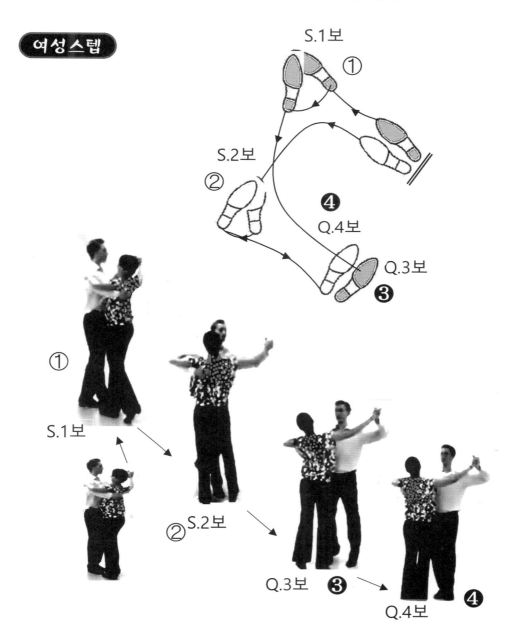

여성스텝

S.1보 ①

S.2보 ②

❹ Q.4보

Q.3보 ❸

① S.1보

② S.2보

Q.3보 ❸

Q.4보 ❹

록 턴(Rock Turn)- 좌회전

남성스텝

좌회전하는 경우다. 통상적인 리버스계열의 방향전환의 방법으로 많이 사용된다. 당연히 이어지는 후행이 있어야 한다. 단발로 그치는 경우다.

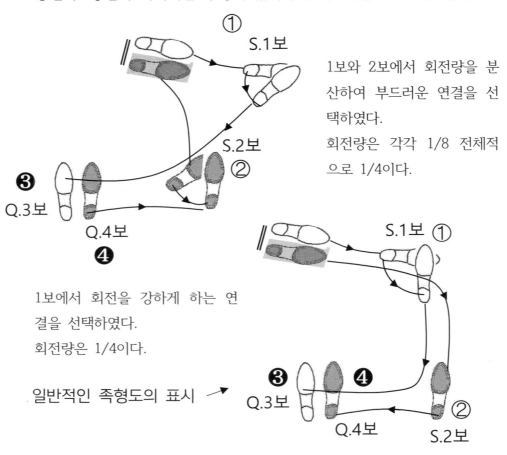

1보와 2보에서 회전량을 분산하여 부드러운 연결을 선택하였다.
회전량은 각각 1/8 전체적으로 1/4이다.

1보에서 회전을 강하게 하는 연결을 선택하였다.
회전량은 1/4이다.

일반적인 족형도의 표시 ➚

	1보	2보	3보	4보	왼, 오, 왼, 오
발동작	H.T	T.H.T	T	T.H	전진,후진,L-사이드
회전량	1-2보 사이-1/8,	2-3보 사이 1/8			전체-1/4
스웨이	S	S	L	L	쇼울더 리드사용
타이밍	S	S	Q	Q	2스텝 사용가
C.B.M	1, 2보에서 행해진다. (실전)				탄력을 활용

남성스텝 록 턴(Rock Turn)- 좌회전

실전에서의 변화 진행 도와, 남성 족형도의 표시

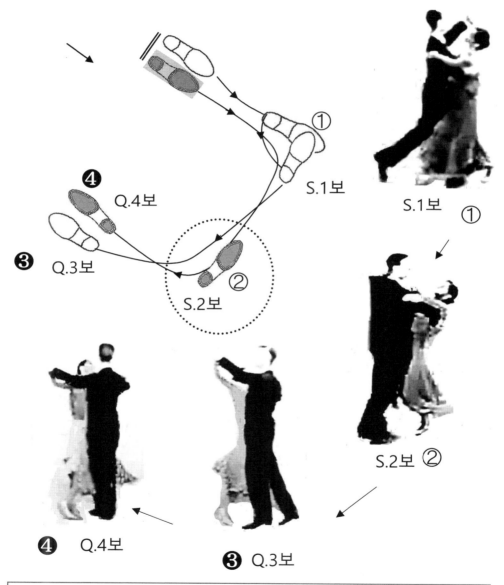

S.1보 ①

S.2보 ②

④ Q.4보

S.1보

④ Q.4보

❸ Q.3보

S.2보 ②

❸ Q.3보

실전에서의 활용은 마치 다른 피겨처럼 느껴지기도 한다. 회전량과 방법의 차이다.
2보, 3보의 구사(회전량, 방법)에 따라 여러 형태로 나누어지기도 한다,

한명호의 댄스아카데미

록 턴(Rock Turn)- 좌회전

여성스텝

좌회전하는 경우다. 통상적인 리버스계열의 방향전환의 방법으로 많이 사용된다. 당연히 이어지는 후행이 있어야 한다. 단발로 그치는 경우다.

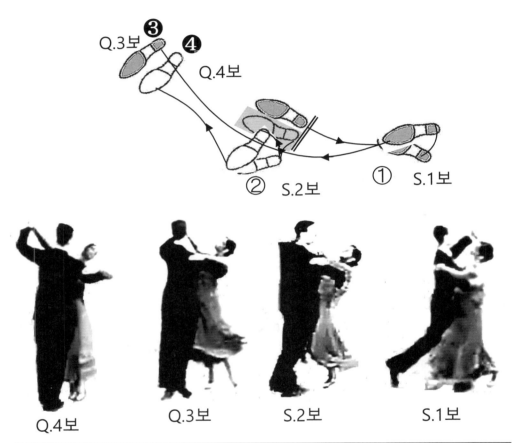

| Q.4보 | Q.3보 | S.2보 | S.1보 |

	1보	2보	3보	4보	오, 왼, 오, 왼
발동작	T.H	H.T	T	T.H	후진,전진,R-사이드
회전량	1-2보 사이-1/8, 2-3보 사이 1/8				결국 1/4, 분담회전
스웨이	S	S	L	L	쇼울더 리드사용
타이밍	S	S	Q	Q	2스텝 사용가
C.B.M	1, 2보에서 행해진다. (실전)				탄력을 활용

언더 암턴(Under Arm Turn) 이란?

좌, 우 양쪽 혹은 한쪽 팔을 들어 그 사이로 터널을 이루면서 상대방을 보내주는 방법이다.

❶ 상대방 파트너를 회전하여 즉, 직선으로 가도록 하는 방법을,

❷ 회전하는 방법으로 진행 전, 후진을 다시 하도록 하는 것이다.

회전량이나 회전수에 대해서는 행하는 피겨에 따라 달라진다.

가장 보편적으로 하는 방법은 ❸ 단순회전이나, ❹ 2회 회전하는 방법이 가장 많이 사용된다.

실질적으로 2회전이라 해도 회전량은 1회전 하고 1/2이다. 한 바퀴하고 반이다.

☞ 여성이 회전할 때 회전하는 속도가 늦거나 방향을 잘 설정하지 못하는 경우가 나타난다. 물론 초심자의 경우다. 설사 능숙하다 해도 간혹 실수로 중심이 흔들리는 경우가 나타나기도 한다.

이에 대처해 숙련된 남성은 여성이 회전할 경우 들어준 손 외 나머지 한 손을 항상 상대의 등 뒤쪽 어깨 가까운 곳에 대기 하여 만약의 경우를 대비한다.

☞ 여성이 회전할 경우 남성은 항상 근접 경호를 한다. 회전하는 동작에 방해 주지 않는 범위 내에서 말이다.

☞ 회전이 완료되는 과정이 끝나면 다음 동작으로 이어가기 편하도록 배려하면서 신속한 후행 동작으로 이어간다.

언더 암 턴(Under Arm Turn)

① ② ③ ④

언더 암 턴을 시작하는 과정이다.

언더 암 턴을 행하는 과정은 오픈 홀드로 진행이 된다.

손을 잡지 않고 행할 경우는 포지션이라는 용어를 사용한다.

언더 암 턴은 원-핸드 홀드, 투-핸드 홀드로 이루어지는데 지금의 설명은
원-핸드 홀드다. 한 손을 사용해 이어간다.

시작 시 오픈 홀드로 시작하고, 설명과 같이 크로즈 홀드로 시작하는 데
선, 후행에 따라 행하는 사람의 난이도에 따라 달라진다.

상대방이 확실히 이해하면서 따라오고 순리대로 진행되는 경우다.

중요한 것은 진행 방향이다. 왼쪽인가? 오른쪽인가?

명확한 설정이다. 왼손을 들 것인가? 오른손을 들 것인가?

손을 잡지 않은 다른 한 손은 어떻게 처리할 것인가?

시선은 어디에 두어야 할 것인가?

상대방과의 간격은? 위치선정은? 언제 들어주고, 내리는가?

상대방이 자리 이동, 방향을 전환할 때는 불편함이 없도록 해야 한다.

근접 경호하면서 이동해야 하는 이유다.

회전과 방향전환은 같이 하는 경우, 혼자 하는 경우도 있다.

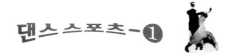

언더 암 턴(Under Arm Turn)

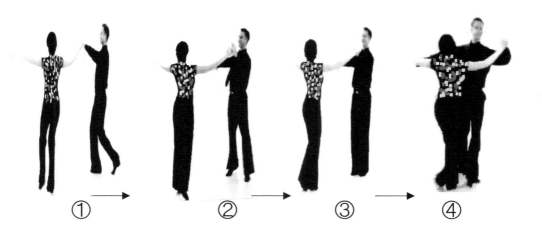

① → ② → ③ → ④

회전하여 방향을 전환한 후의 연결 동작이다.

오픈 상태를 유지할 것인가? 크로즈 상태를 유지할 것인가?

상대방에게 언제 홀드 상태의 변화를 알릴 것인가? 방법은?

왼손, 오른손 어느 손을 사용할 것인가?

기본적인 요소들은 어떻게 하는가?

마무리 동작을 하면서 다음 이어질 후행은 무엇으로 할 것인가?

움직이면서 생각하는 것이다.

댄스의 특징이다. 순발력이 필요하다.

평소 연결 연습이 중요한 이유다. 기계적인 행동이어야 한다.

한명호의 댄스아카데미

언더 암 턴(오른쪽)-To Right

좌우로 방향전환을 하면서 여성을 보내주는 방법이다.

크로즈 상태와 오픈 상태가 이어진다. 특히 오픈 상태에서 여성의 오른팔을 들어주는 경우 여성의 키 높이를 잘 판단하여 들어주고 신속하게 내리면서 자세를 취하도록 한다. 크로스체인지의 변화 활용이다.

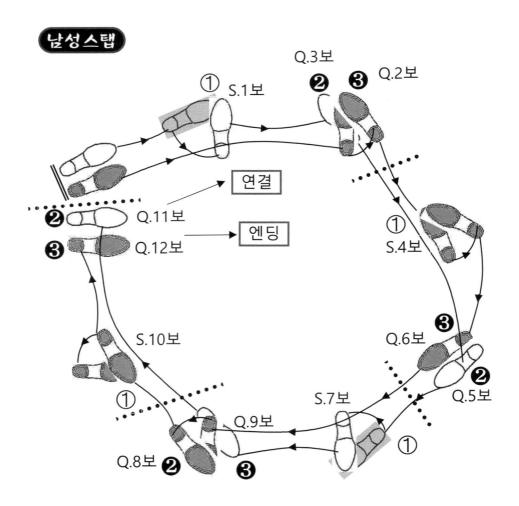

왈츠의 경우는 1,2,3의 순서에 따라 행하면 된다.

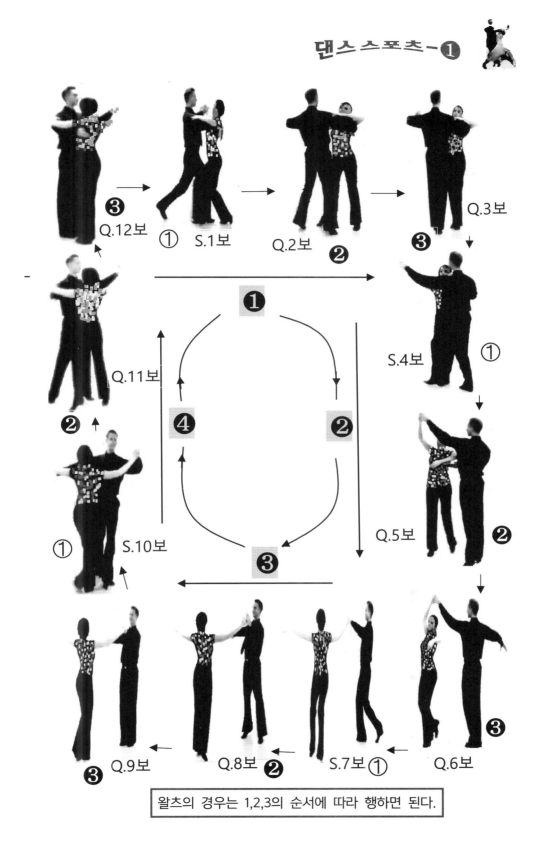

Q.12보 ③ ① S.1보 Q.2보 ② Q.3보 ③

❶

Q.11보 S.4보 ①

② ④ ②

S.10보 ① ③ Q.5보 ②

Q.9보 ③ Q.8보 ② S.7보 ① Q.6보 ③

왈츠의 경우는 1,2,3의 순서에 따라 행하면 된다.

언더 암 턴(오른쪽)-To Right

여성의 경우는 4, 5, 6보에서 신속함을 요 한다.
7, 8, 9보에서 완벽한 홀드 상태를 남성이 이루어 계속 무리 없이 진행할
수 있도록 도와주어야 함은 당연한 일이다.-(크로즈체인지 경우 설명.)

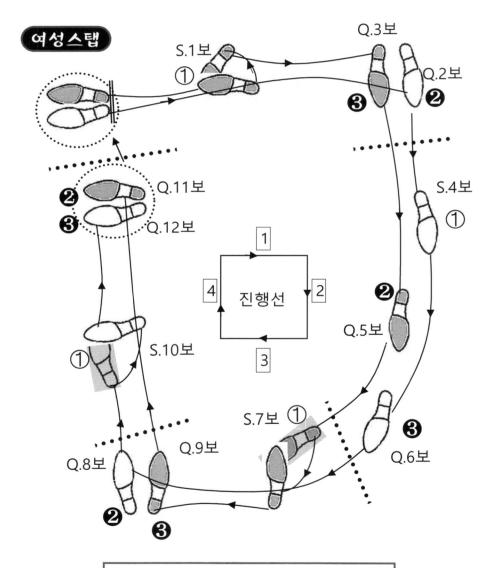

왈츠의 경우는 1,2,3의 순서에 따라 행하면 된다.

박스-리버스 턴(Revers Turn)

남성스텝

좌회전과 우회전으로 이루어지는 크로즈홀드의 단순형이다.
리버스계열의 제일 기본적인, 많이 사용되는 회전방식이다.
변화형태가 다양해 필수 숙지 사항이다.

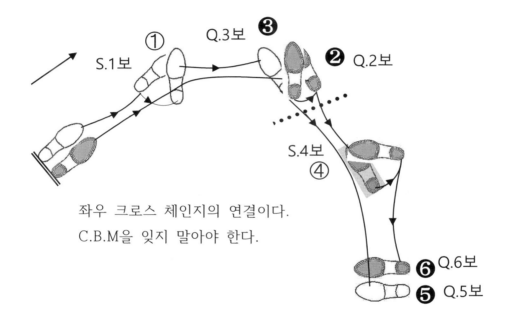

좌우 크로스 체인지의 연결이다.
C.B.M을 잊지 말아야 한다.

	1보	2보	3보	4보	5보	6보
발동작	H.T	T	T.H	T.H.T	T	T.H
회전량	1-2보 -1/8, 2-3보-1/8					
스웨이	S	L	L	S	R	R
타이밍	S	Q	Q	S	Q	Q
C.B.M	1, 4보에서 행해진다. (실전)					

왈츠의 경우는 1,2,3의 순서에 따라 행하면 된다.

한명호의 댄스아카데미

박스 리버스 턴(Revers Turn)-진행도

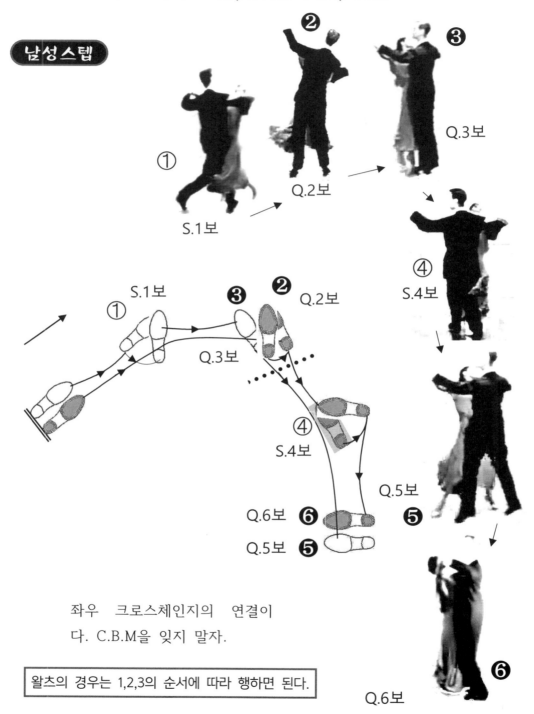

남성스텝

① S.1보

Q.2보

❷ ❸ Q.3보

Q.3보

S.4보 ④

Q.5보 ❺

Q.6보 ❻

좌우 크로스체인지의 연결이
다. C.B.M을 잊지 말자.

왈츠의 경우는 1,2,3의 순서에 따라 행하면 된다.

박스 리버스 턴(Revers Turn)-진행도

숙련된 사람은 무엇인가 하는 것이 다르다. 무엇이 다를까? 판단할 정도면 능숙한 사람이다. 알아야 판단 한다. 지금 행하고 있는 것이 어떤 형태인가를 파악하고 그에 충실해야 한다. 테크닉 이란? 기본기가 충실하면 절로 터득이 된다. 기본기다.

왈츠의 경우는 1,2,3의 순서에 따라 행하면 된다.

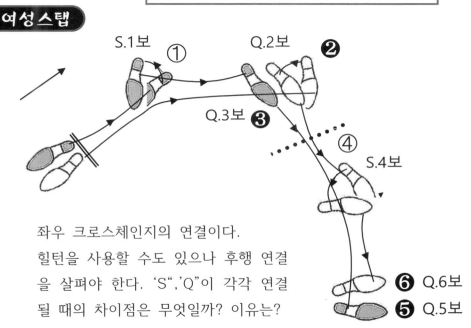

여성스탭

S.1보 ① Q.2보 ❷
Q.3보 ❸ ④ S.4보
❻ Q.6보
❺ Q.5보

좌우 크로스체인지의 연결이다.
힐턴을 사용할 수도 있으나 후행 연결
을 살펴야 한다. 'S",'Q"이 각각 연결
될 때의 차이점은 무엇일까? 이유는?

	1보	2보	3보	4보	5보	6보
발동작	T.H.T	T	T.H	H.T	T	T.H
회전량	1-2보 -1/8, 2-3보-1/8, 4-5보-1/8 -(좌로 회전이다.)					
스웨이	S	R	R	S	L	L
타이밍	S	Q	Q	S	Q	Q
C.B.M	1,4보 에서 행해진다. (실전)					

남성스텝 　　　　보디 리드(Cross Body Lead)

눈으로 말하는 것이 아니라 몸으로 말하는 것이다. 실질적인 이룸은 3, 4
보에서 이루어지지만 보이지 않는 역할은 2보에서 시작된다.

모든 것의 밑거름이다. 3보, 4보의 착지 지점이 판가름한다.

실전에서의 족형도의 표시

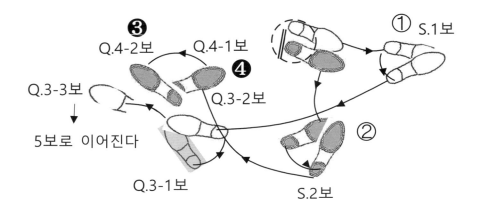

2보에서 회전이 들어가면 어떨까?

실제로 살사에서는 2보에 회전이 가미된다. 역회전하면서 행하는 것
이다. 여기서는 굳이 그것까지 할 필요가 있겠는가? 그래도 참고적
으로 한 번 행해보는 것도 괜찮을 것이다. 완벽한 역 트위스트가 나
온다. 그것이 댄스의 묘미다. 여기서는 1/8만---

	1보	2보	3보	4보	왼, 오, 왼, 오
발동작	T.H	H.T	T	T.H	후진,전진,전진회전
회전량	좌-1/8	우-1/8	3-4좌-1/2		
스웨이	S	S	R	R	쇼울더 리드사용
타이밍	S	S	Q	Q	2스텝 사용가
C.B.M	1, 2, 4보에서 행해진다. (실전)				

댄스스포츠 - ❶

•••••• 실전에서의 족형도로 보는 남성 피겨. ••••••

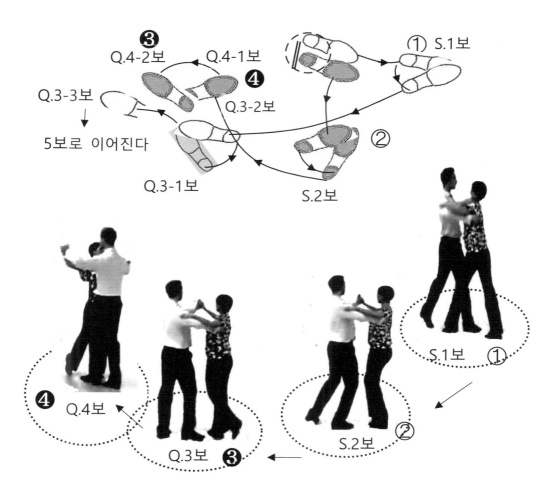

살사에서의 기본 베이식 5, 6, 7, 8을 생각하면 된다. 살사에서 후반부에 주로 많이 사용하는 스타일이다. 4보에서 이루어지는 동작은 살사와 동일하다. 댄스란 서로 필요한 것이 있으면 사용하는 것이다. 꼭 내 것이라는 것이 필요 없다는 개념이다. 챨스턴을 애용하는 퀵스텝 또한 마찬가지다. 살사의 베이식이 룸바와 개념적으로 같다면 어떻게? 두 종류는 다른 춤이다. 유사한 점이 너무 많다는 것이다.

보디 리드(Cross Body Lead)

여성스텝

남성은 핸들을 움직이고 여성은 차량의 몸체다. 남성이 축의 역할을 한다면 여성은 그 축을 중심으로 이동을 하는 것이다.

자연 움직임이 남성보다는 범위가 커진다. 반경이 넓어질수록 시간적 여유가 적어지니 동작의 민첩함이 요구된다. 남성은 기다림이다.

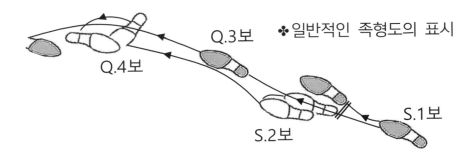

❖일반적인 족형도의 표시

Q.4보 Q.3보 S.2보 S.1보

실전에서의 족형도의 표시 ‥‥‥‥‥‥‥‥‥‥‥‥‥‥‥

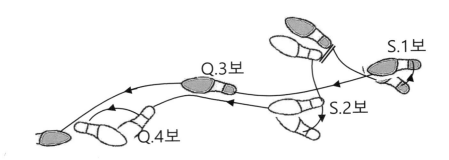

Q.3보 Q.4보 S.2보 S.1보

	1보	2보	3보	4보	오, 왼, 오, 왼
발동작	T.H	H.T	T	T	후진,전진,전진,회전
회전량	좌-1/8	우-1/8	3-4좌-1/2		
스웨이	S	S	L	L	쇼울더 리드사용
타이밍	S	S	Q	Q	2스텝 사용가
C.B.M	1, 2, 4보에서 행해진다. (실전)				

댄스스포츠─❶

여성스텝　　　　보디리드(Cross Body Lead)

보디리드를 행함에 있어 중요한 것이 선행 피겨다. 피겨를 연결할 때마다
항상 신경을 써야 함은 마찬가지나 피겨의 특성상 적합하면서도 가장 잘
어울리는 피겨들이 있게 마련이다. 흐름을 이어주고, 자연스럽게 전체적
인 아름다움을 한층 살려주는 다양함이다.

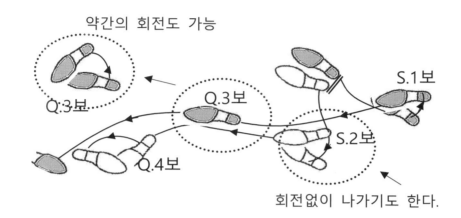

약간의 회전도 가능

Q.3보　　Q.3보　　S.1보

Q.4보　　S.2보

회전없이 나가기도 한다.

Q.4보　　Q.3보　　S.2보　　S.1보

❂ **살사**에서 매우 많이 사용되는 것을 볼 수 있을 것이다.

프롬나드 트윙클(Promenade Twinkle)

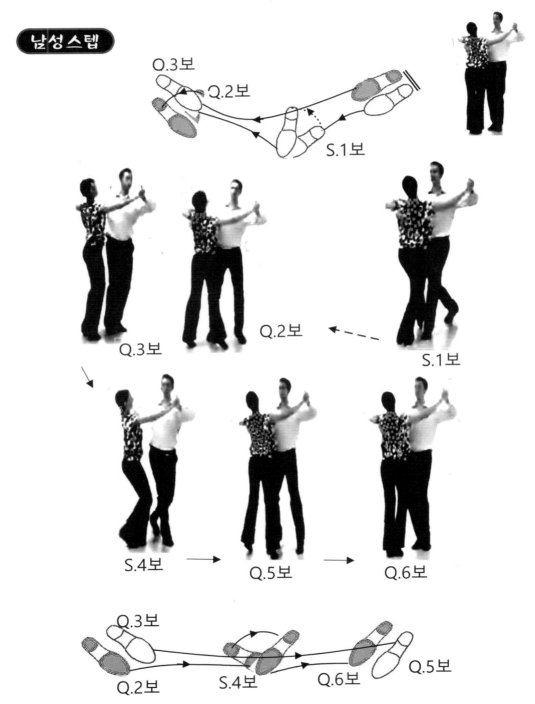

여성스텝 프롬나드 트윙클(Promenade Twinkle)

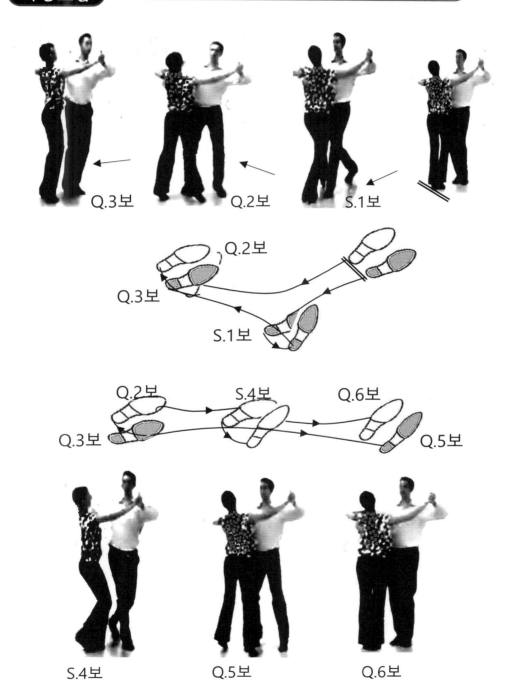

Q.3보   Q.2보   S.1보

Q.2보
Q.3보
S.1보

Q.2보   S.4보   Q.6보
Q.3보   Q.5보

S.4보   Q.5보   Q.6보

한명호의 댄스아카데미

응용스탭

프롬나드 트윙클(Promenade Twinkle)

남성스텝

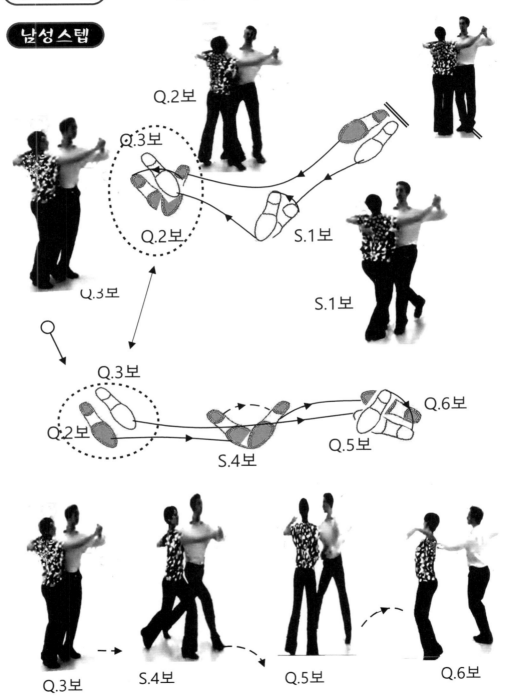

Q.2보

Q.3보

Q.2보.

S.1보

S.1보

Q.3보

Q.3보

Q.2보

S.4보

Q.5보

Q.6보

Q.3보

S.4보

Q.5보

Q.6보

프롬나드 트윙클(Promenade Twinkle)-응용

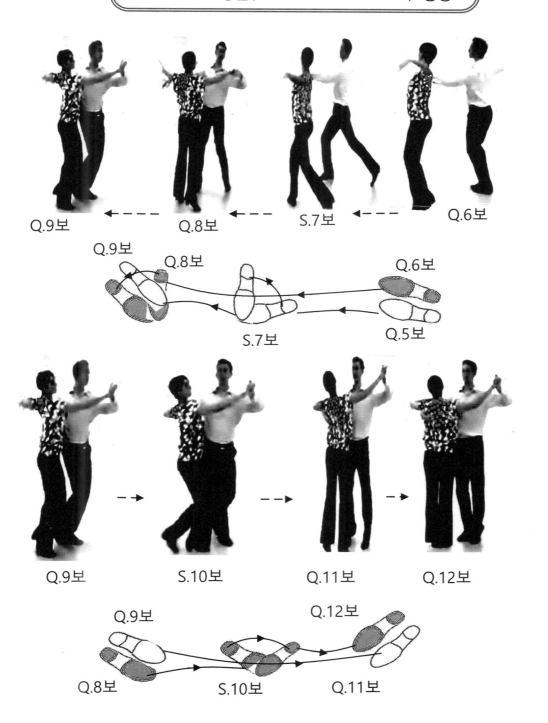

Q.9보　　　Q.8보　　　S.7보　　　Q.6보

Q.9보　Q.8보　　　　　Q.6보

S.7보　Q.5보

Q.9보　　　S.10보　　　Q.11보　　　Q.12보

Q.9보　　　　　　　Q.12보

Q.8보　　　S.10보　　　Q.11보

프롬나드 트윙클(Promenade Twinkle)-응용

여성스텝

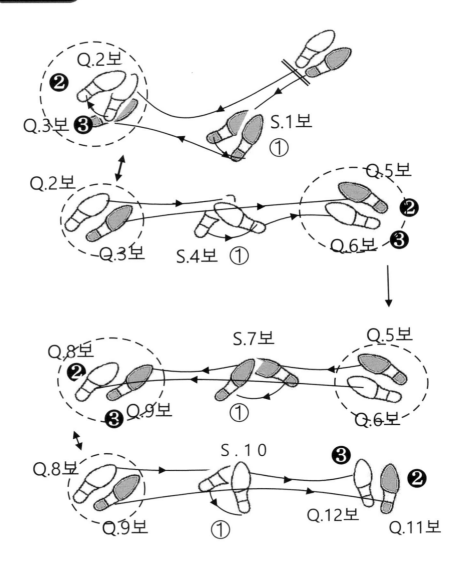

Q.2보
❷
Q.3보 ❸
S.1보
①

Q.2보
Q.3보
S.4보 ①
Q.5보
❷
❸
Q.6보

S.7보
Q.8보
❷
❸ Q.9보
①
Q.5보
Q.6보

Q.8보
❸
❷
Q.9보
S.10
①
Q.12보
Q.11보

숫자 1, 2, 3은 왈츠에서 이 피겨를 그대로 사용할 수 있다

여성스텝

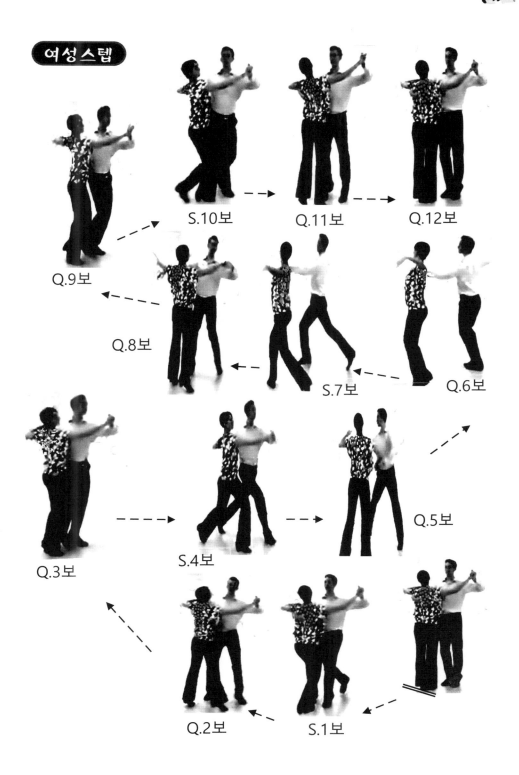

S.10보   Q.11보   Q.12보

Q.9보

Q.8보

S.7보   Q.6보

Q.3보

S.4보   Q.5보

Q.2보   S.1보

한명호의 댄스아카데미

프롬나드 피벗(Promenade Pivots)

남성스텝   남성은 2, 3보에서 회전이 들어가고

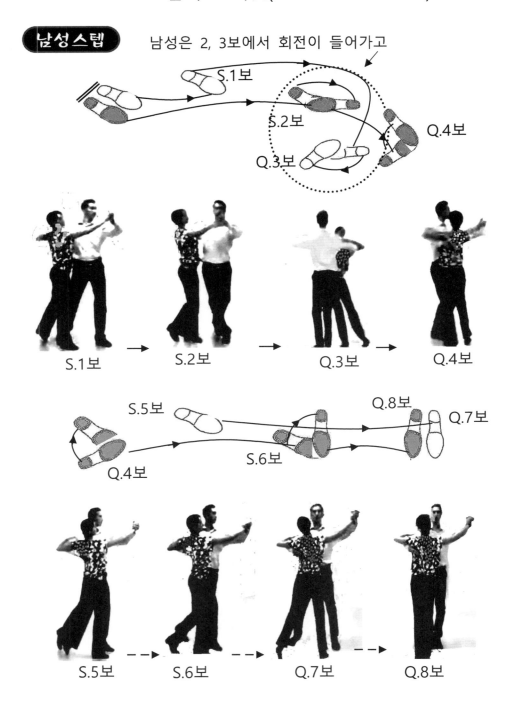

S.1보   S.2보   Q.3보   Q.4보

S.5보   S.6보   Q.7보   Q.8보

프롬나드 피벗(Promenade Pivots)

여성스텝

여성은 3, 4보에서 회전이 들어간다.

프롬나드(Promenade)

남성, 여성 오픈 상태로 이루어진다. 끝 동작 크로즈 로 끝낸다.
C.B.M 시작되는 곳, 연결이 이루어지는 것을 구분해야 한다.

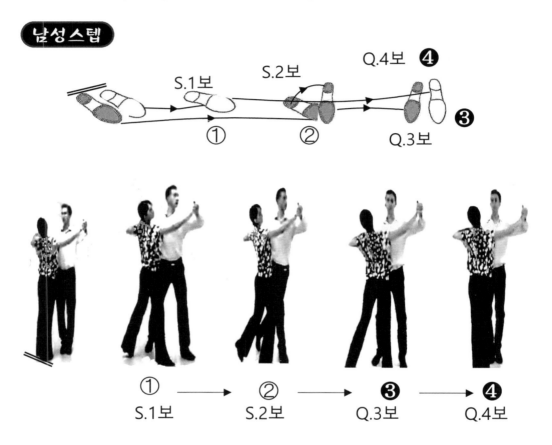

	1보	2보	3보	4보	왼, 오, 왼, 오
발동작	H.T	H.T	T	T.H	전진, 전진, 회전
회전량		2-3 보 에서 우-1/8			
스웨이	S	S	R	R	쇼울더 리드사용
타이밍	S	S	Q	Q	2스텝 사용가
C.B.M	1,2보에서 행해진다. (실전)				

프롬나드(Promenade)

남성, 여성 오픈 상태로 이루어진다. 끝 동작 크로즈로 끝낸다.

C.B.M이 동사로 작용할 지점, 동명사로 되는 지점의 분석이 필요.

여성스텝

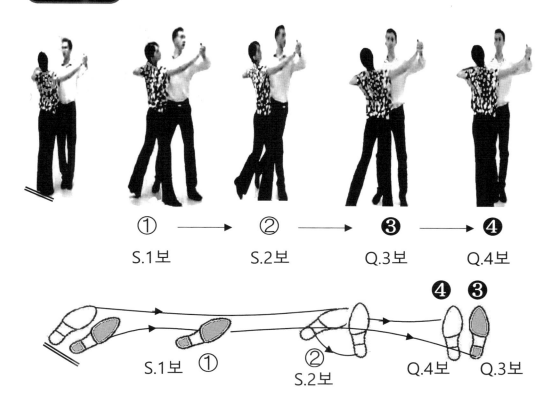

	1보	2보	3보	4보	오, 왼, 오, 왼
발동작	H.T	H.T	T	T.H	
회전량	2- 3보에서 왼쪽으로 1/8				전진, 전진, 회전
스웨이	S	S	L	L	쇼울더 리드사용
타이밍	S	S	Q	Q	2스텝 사용가
C.B.M	1, 2보에서 행해진다. (실전)				탄력을 활용

한명호의 댄스아카데미

프롬나드(Promenade)-응용

◉ 프롬나드(Promenade)-언더암턴(Under Arm Turn)

프롬나드(Promenade)와 언더 암 턴(Under Arm Turn)의 혼합형이다.
남성, 여성 오픈 상태로 이루어진다. 끝 동작 크로즈로 끝낸다. 프롬나드를
행하면서 언더 암 턴을 행한다. 여성이 턴 하는 방법은 "S" 2회 하면서 회전
하는 방법과, "Q" 카운트 2회 행하며 회전하는 방법이 있다.
　프롬나드 상태에서 곧바로 회전하는 경우가 S에서 회전, 2보 걷고 즉 "S"
2회 걷고 회전하는 방식은 "Q"에서 회전하는 것이다.

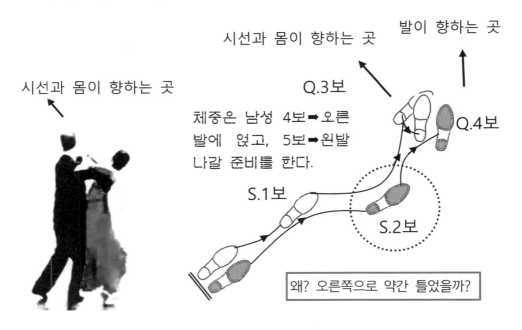

시선과 몸이 향하는 곳

발이 향하는 곳

시선과 몸이 향하는 곳

Q.3보

체중은 남성 4보➡오른
발에 얹고, 5보➡왼발
나갈 준비를 한다.

Q.4보

S.1보

S.2보

왜? 오른쪽으로 약간 틀었을까?

오픈 상태로 이루어진다. 끝 동작 크로즈로 끝낸다. 남성은 왼손으로 여성의
오른팔을 들어 회전시킨다. 여성 오른쪽으로 회전한다. 회전 시 오른발로 완
전 1회 회전한다. 회전력이 부족할 경우 나누어 행한다. 회전한 후 프롬나드
로 연결한다.➡마무리 동작.

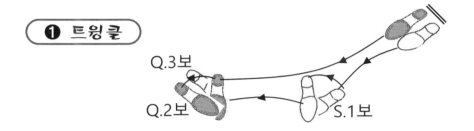

댄스스포츠–❶

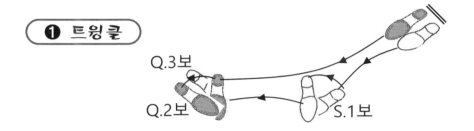

남성스텝 프롬나드(Promenade)–응용

◉ 싱코페이티드 샤세(Syncopated Chasse)

❶ 트윙클로 시작해 ➡ ❷ 샤세 프롬나드 ➡ ❸ 1/4 우회전 크로즈 포지션으로 마무리한다. 중요한 것은 트윙클과 프롬나드의 명확한 차이를 알고 구분해야 함이다. 포지션이 비슷한 것 같지만 많은 차이점이 있다. 간혹 혼동하는 경우를 자주 본다. 어떤 차이가 있는 것일까?

❶ 트윙클

Q.3보

Q.2보　　　　　　S.1보

1-3 보로 구성. 전형적인 트윙클 이다. S,Q,Q 의 조합이다.

3보 왼발은 2보의 회전 다음 오른발 옆에 모은다.

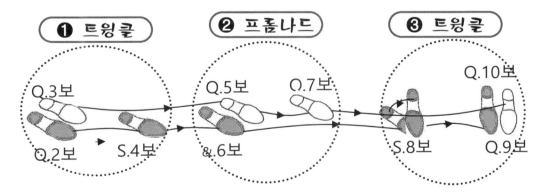

❶ 트윙클　　　❷ 프롬나드　　　❸ 트윙클

Q.10보

Q.3보　　　Q.5보　　Q.7보

Q.2보　　S.4보　　&.6보　　S.8보　　Q.9보

♣ 1보에서 10보까지 진행되는 과정이다.

S, Q, Q, S, Q&Q S, Q, Q

2보와 3보의 회전량은 상황에 따라 달라질 수 있다.

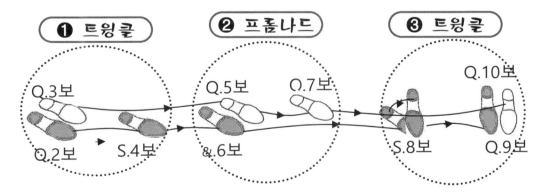

한명호의 댄스아카데미

◉ 싱코페이티드 샤세(Syncopated Chasse)

여성스텝

❶ 트윙클로 시작해 ➡ ❷ 샤세 프롬나드 ➡ ❸ 1/4 우회전 크로즈 포지션으로 마무리한다. 중요한 것은 트윙클과 프롬나드의 명확한 차이를 알고 구분해야 함이다. 포지션이 비슷한 것 같지만 많은 차이점이 있다. 간혹 혼동하는 경우를 자주 본다. 어떤 차이가 있는 것일까?

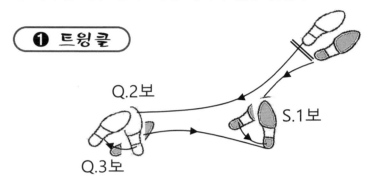

❶ 트윙클

1- 3 보로 구성. 전형적인 트윙클 이다. S,Q,Q 의 조합이다.
3보 왼발은 2보의 회전 다음 오른발 옆에 모은다.

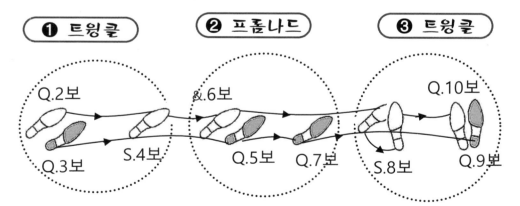

❶ 트윙클   **❷ 프롬나드**   **❸ 트윙클**

✤ 1보에서 10보까지 진행되는 과정이다.

S, Q, Q, S, Q&Q S, Q, Q

2보와 3보의 회전량은 상황에 따라 달라질 수 있다.

지그재그(Zig Zag)

◉ 지그재그(Zig Zag)란?

일반적인 생각의 갈지 자 걸음이 아니다. 정확한 틀을 갖추고 방향을 전환하며 이어가는 전형적인 방법이다. 전진과 후진의 조합이다.

무슨 근거로? 도형을 살펴보자. 남성이 전진으로 시작하니 여성은 후행으로 시작한다.

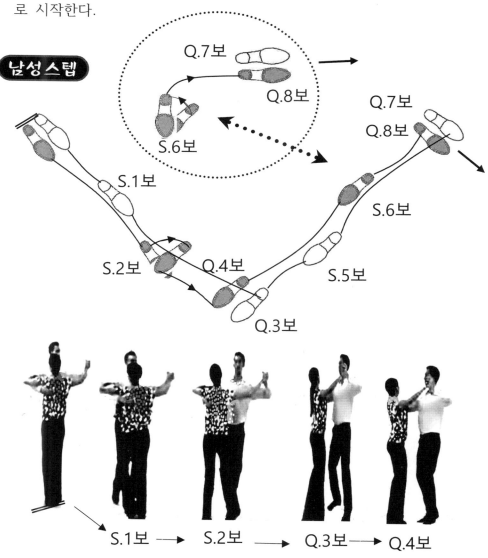

남성스텝

Q.7보
Q.8보
S.6보
S.1보
S.2보
Q.4보
Q.3보
Q.7보
Q.8보
S.6보
S.5보

S.1보 → S.2보 → Q.3보 → Q.4보

한명호의 댄스아카데미

여성 훗트워크에 있어서 2보 왼발에서 힐턴, 볼턴을 하는 것도 표기 하였다. 볼 턴을 하여 우회전을 하면서 행하기도 한다. 피겨의 형태에 따라 약간의 차이가 날 수 있다. 실전에서는 그 다음에 이어지는 피겨에 따라 달라지기도 한다. 힐턴은 임피터스의 사용으로 보면 된다. 후행은 "S"로 이어져야 한다. "Q"으로 이어질 경우는 볼을 사용해 회전해야 한다, 시행자의 연결에 따른 변화로 보면 된다.

여성스텝

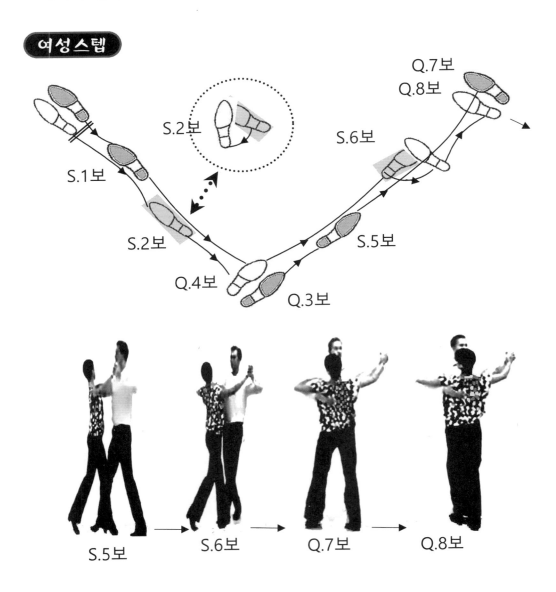

S.2보

Q.7보
Q.8보

S.6보

S.1보

S.2보

Q.4보

Q.3보

S.5보

S.5보 → S.6보 → Q.7보 → Q.8보

지그재그(Zig Zag)의 분석

지그재그의 전반부 피겨다. 4보까지 진행이 이루어진 상태다. 도형의 형태를 후진 스텝을 하면서 우로 1/4 회전하는 피겨와 비교해보자. 똑같다. 결론은 그것이다. 여성 경우도 마찬가지다. 그다음 진행을 살펴보자. 무조건 갖다 이으면 될 것인가? 자체로 단발로 피겨가 끝난다면 크로즈 홀드로 마무리다. 그러나 이어진다. 여기서 리드가 달라진다. 근본적인 것은 같으나 진행이 되므로 연속이어야 한다.

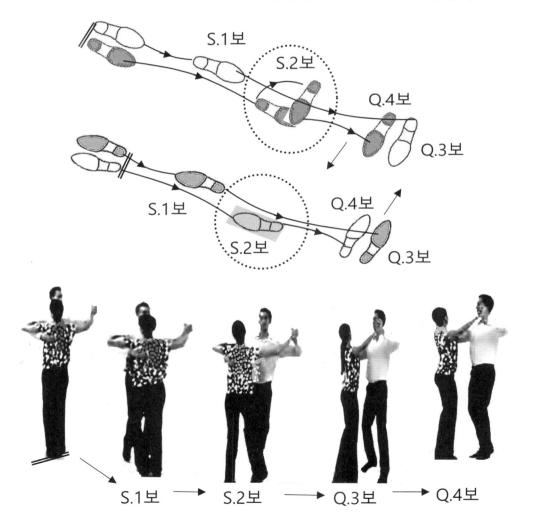

지그재그(Zig Zag)의 분석

지그재그의 후반부 피겨다. 3보에서 8보까지 진행이 이루어진 상태다. 도형의 형태를 전진 피겨를 하면서 좌로 1/4 회전하는 피겨와 비교해보자. 똑같다. 결론은 그것이다. 여성 경우도 마찬가지다.

그다음 진행을 살펴보기로 하자. 무조건 갖다 이으면 될 것인가? 무엇이든 지나치면 안 좋다. 다른 피겨로 이어지는 것이 좋다. 다양성에서 말이다. 자체로 단발로 피겨가 끝난다면 크로즈 홀드로 해 마무리다. 그러나 이어진다. 여기서 리드가 달라진다. 근본적인 것은 같으나 진행이 되므로 연속이어야 한다. 지그재그가 연속일 경우 1/4회전 이어져 쿼터 턴 이라 하기도 한다. 차이점이 있지만 여기서는 중략하고, 문제는 "S"가 2보로 이어져 있으나 1보로 행해지면서 다양한 변화가 나타난다.

그 경우도 살펴보자.

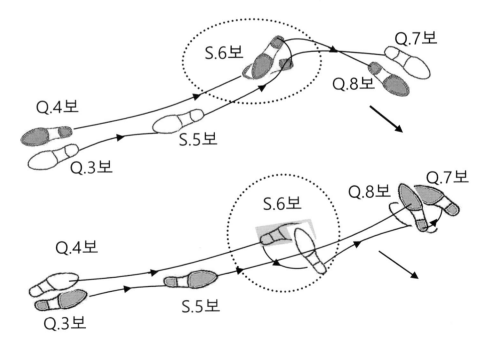

트윙클-헤드 루프(Head Loop)

남성스텝

트윙클과 헤드 루프의 연결 된 혼합형이다. 헤드 루프는 형상에 따른 명칭이다. 팔을 루프[1]로 생각하면 된다. "바스켓 포지션"이라는 표현도 한다. 양팔을 머리 위로하여 양손을 엇갈려 머리를 걸었다, 풀었다 하는 것이다.

양손을 엇갈려 잡는 형상인데 보통 라틴댄스에서나 많이 나오는 동작이 아닌가? 그건 아니다. 일반 댄스에서는 흔히 나오는 동작들이다.
손을 잡는 방법도 다양하다. 나란히, 엇갈려서가 대표적인 큰 흐름이다. 세부적인 동작도 나오나 중간에 바뀌는 것이다. 지금의 형상은 각자가 반대편의 손을 잡는 방식이다. 나란히 일자로 잡는 형상이다.

손을 잡을 때 즉 홀드에서 시작과 끝이 명확해야 한다. 우물쭈물하는 사이 음악은 흐르고 동작은 멈춰지게 된다. 양손을 잡고 풀어줄 때는 리드하는 손에 정확한 신호를 주어야 한다. 밀고 당길 때도 마찬가지다. 상체에 힘이 전달 되는가도 확인하라.
손만 까딱거리는 자신 없는 리드는 하지 마라.
릴리즈 동작을 확실히----

---

1) ① 고리. 동그라미.

트윙클-헤드 루프(Head Loop)

남성스텝

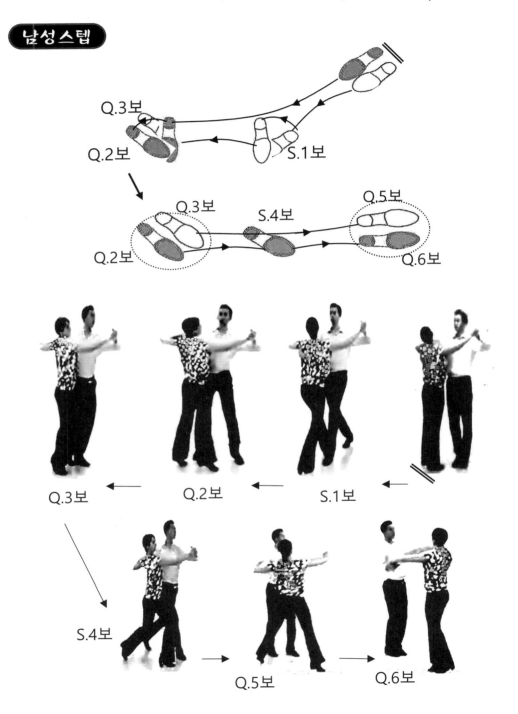

Q.3보

Q.2보

S.1보

Q.3보   S.4보   Q.5보

Q.2보   Q.6보

Q.3보   Q.2보   S.1보

S.4보   Q.5보   Q.6보

트윙클-헤드 루프(Head Loop)

남성스텝

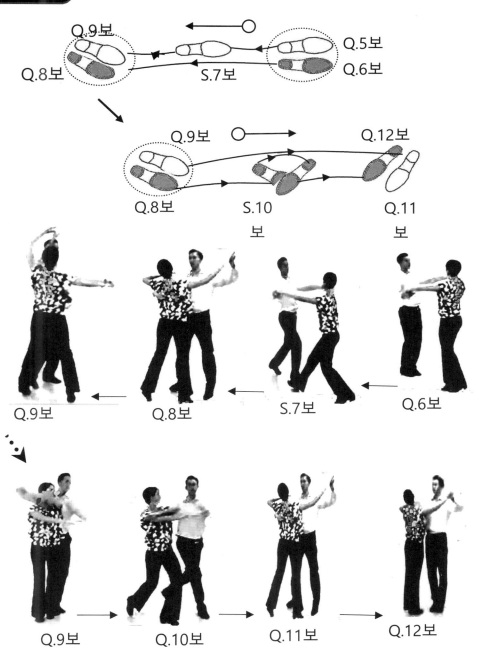

Q.9보
Q.8보
Q.5보
Q.6보
S.7보

Q.9보
Q.12보
Q.8보
S.10보
Q.11보

Q.9보 Q.8보 S.7보 Q.6보

Q.9보 Q.10보 Q.11보 Q.12보

한명호의 댄스아카데미

트윙클-헤드 루프(Head Loop)

여성스텝

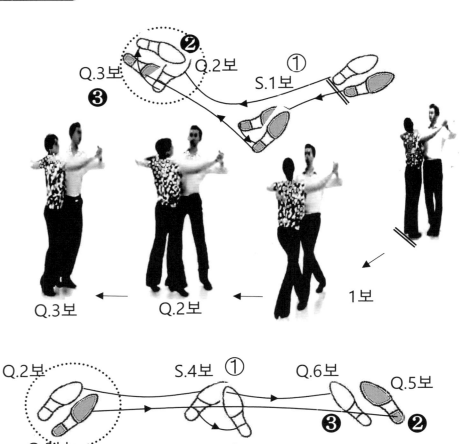

Q.3보   ❸   ❷   Q.2보   ①   S.1보

Q.3보   Q.2보   1보

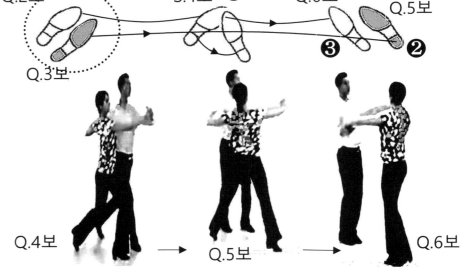

Q.2보   S.4보 ①   Q.6보   Q.5보   ❸   ❷

Q.3보

Q.4보   Q.5보   Q.6보

트윙클-헤드 루프(Head Loop)

여성스텝

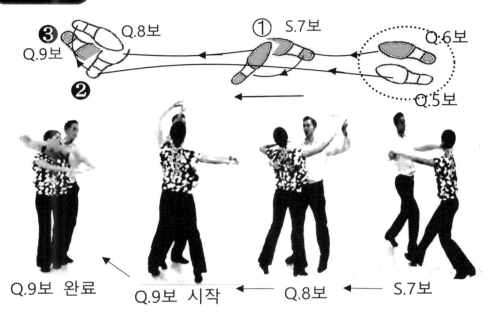

③ Q.8보   ① S.7보   Q:6보
Q.9보   Q:5보
❷

Q.9보 완료   Q.9보 시작 ◄── Q.8보 ◄── S.7보

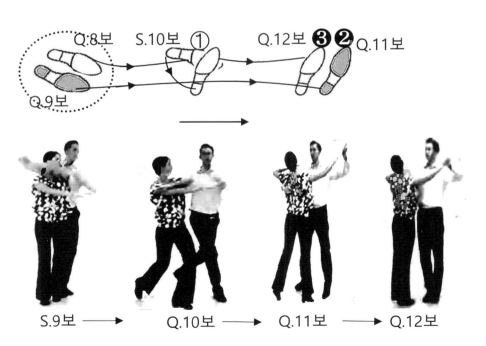

Q:8보   S.10보 ①   Q.12보 ❸❷ Q.11보
Q.9보

S.9보 ──► Q.10보 ──► Q.11보 ──► Q.12보

한명호의 댄스아카데미

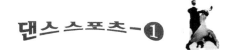

제2장

인터내셔널 폭스트로트
(International Style)

한명호의 댄스아카데미

댄스와 스탭의 분석.

❖ 댄스란?

율동이다. 포괄적인 의미로 본다면 이야기가 길어진다. 단순하게 남녀가 짝을 이루어 함께 어우러져 피겨를 이어가는 것이다.

각 피겨마다 담긴 의미도 조금씩 알아가면서 행한다면 더욱 즐거움이 배가할 것이다.

❖ 율동이란?

속도와 시간의 변화, 최대한 높낮이의 변화, 좌우 기울임도 있어야 한다. 결론을 말해보자. 종류는 3종류가 나온다. 왜? 4종류면 2의 반복이다. 3은 1과 2의 혼합사용이다.

◈ 스텝(Step)이란?

❖ 스텝(Step)이란?

직역하면 보행이다. "걷는다"는 의미다. 사람을 기준으로 하여 설명하면 발을 이용한 움직임이다.

❖ 움직임이란?

이동을 전제로 한다. 자리바꿈이요, 방향을 옮기는 것이다.

여기에는 단순이동과 복합이동으로 분류한다.

❖ 단순이동이란?

목적 없는 이동이다. 움직임 자체에는 다 이유가 있다. 힘들어서, 불편해, 안정적이지 못하기 때문에 등등 부정적인 환경에서 벗어나기 위한 움직임이다.

✤ 복합이동이란?

단순이동의 반복이다. 단순이동이 반복됨으로 의도하든 안 하든 행위 자체가 목적 있는 행동으로 이어지는 것이다.

✤ 움직임과 이동의 주체.

신체에서 움직임은 주체가 많다. 팔, 다리, 허리, 목, 눈, 코, 입 등등 모든 인체의 기관이 움직임의 주체가 된다. 그러나 이동(移動)이라는 면에 있어서 주체는 자연 다리가 된다. 다른 부위도 가능하나 다리에 부속된 발이라는 부위에는 비교가 안 된다. 신경의 전달과 뇌의 판단 등 복잡한 과정도 있지만, 그런 면은 생략. 트로트를 중심으로 알아보자.

◈ 스텝의 기준과 분류.

스텝의 분류에서 기준이 되는 것은 이동을 행 하는 행위의 주체가 발이므로 발을 중심으로 살펴보자. 사람의 발은 왼발, 오른발 둘이다. 둘로써 이루어내는 여러 조합을 찾아야 한다. 둘로써 이루어지는 조합은 어떻게 판단할 것인가? 차례로 이루어져야 한다는 조건이 있으므로 섞이거나 합쳐 치는 경우는 없다. 동시에 이루어짐은 가능하다. 우선 각각의 사용이다. 왼발의 독자적인 움직임. 오른발의 독자적인 움직임 개별적인 움직임이다. 사람이 걸을 때를 생각하면 된다. 스텝의 가장 기본적인 움직임이다.

◈ 스텝의 기준

❶ 왼발과 오른발의 반복. 차례로 말이다.

체중의 이동이 순차 적으로 반복된다. 여기서 왜 체중의 이동이라는 말이 나올까? 걸을 때 편안함을 잃어버리면 넘어지고 기울어진다.

그것은 조건에 부합하지 않는다. 움직임이 정지 되기 때문이다.

❷ 같은 발의 반복은 가능할까?

허용이 안 된다. 체중 이동이라는 원리에 부적합하다.

❸ 속도나 시간은 어떤가?

빠르고 늦음, 시간의 길고 짧음이다. 이것이 가미 되어야 변화가 생긴다. 댄스의 요소다. 이것이 통용 안 된다면 무미건조하고 그냥 걷는 걸음마에 불과하다.

◈ 스텝의 분류.

♣ 원 스텝(One Step)

❶ 한 발로 행해지는 스텝이다.

S, Q, &, a로 분류된다.

S-Slow-보통 일상적인 걸음보다 느리게. 왼발, 오른발 두 발로 걷는 시간
        이 소요된다.

Q-Quick-보통 일상적인 걸음이다. 왼발, 오른발 각각 걷는 시간이
        소요되는 통상적인 걸음이다.

2보로 구성, 모아지는 크로즈, 크로스 형태다.

QQ-왼발, 오른발 QQ-오른발, 왼발

a1, a2, a3---왼발, 오른발-또는 오른발, 왼발로 이어진다.

&1, &2---형태로 발은 위와 같은 형태. 박자가 달리 계산 유의.

"S, S-힐턴을 사용하거나, 볼턴을 이용 이어지는 형태도 나타난다.

❷ 형태로 보는 스텝.

독자적인 형태를 이루어야 한다. 싱글이다. 모아지거나 붙으면
2 스텝이 된다.

❸ 시간과 공간적인 분류

& - Q의 1/2 시간이다. Q.&.Q-1:1/2:1/2, &만 독자적인 사용이
　　불가하다.

a - Q의 1/4이다. Q.a.Q-4:1:3이다. a만 독자적으로 사용이 불가.
　　독자적인 사용이 불가하므로 S, Q과 같이 어울려 사용된다.

♣ 투스텝(Two Step)

❶ 두 발로 행해지는 스텝이다.

S, Q, 으로 분류된다.

S- Slow-보통 일상적인 걸음보다 느리게. 왼발, 오른발 두 발로 걷는
　　　　　시간이 소요된다.

Q-Quick-보통 일상적인 걸음이다. 왼발, 오른발 각각 걷는 시간이
　　　　　소요되는 통상적인 걸음이다. 차례로 발을 모으고 왼발,
　　　　　오른발 순차적으로 행한다.

❷ 형태로 보는 스텝.
　　협력적인 형태를 이루어야 한다. 더블이다. 모아지거나 붙으면
　　2 스텝이 된다. 연속적인 이어짐도 되고, 원스텝으로, 스리스텝 으로 전
　　환도 가능하다. 2보로 구성, 모아지거나, 크로스 형태다.

QQ-왼발, 오른발 QQ-오른발, 왼발

a1, a2, a3---왼발, 오른발-또는 오른발, 왼발로 이어진다.

&1, &2---형태로 발은 위와 같은 형태. 박자가 달리 계산 유의.

"S, S-힐턴을 사용하거나, 볼턴을 이용 이어지는 형태도 나타난다.

❸ 시간과 공간적인 분류
　　한 발에 다른 한 발이 모아지거나, 뒤에 오는 발이 먼저 착지한 발에
　　모으듯 스치면서 정지하거나, 탭을 한 후에 다시 그 발로 움직인다.

♣ 스리스텝(Three Step)

❶ 세 발로 이루어지는 형태다.

왼발, 오른발의 조합이다. 순차적으로 연결이 이루어진다. 순차적이라 함은 좌, 우발이 차례대로 행함이다.

❷ 형태로 보는 스텝.

협력적인 형태를 이루어야 한다. 트리플이다. 모아지거나 붙으면 2 스탭이 된다. 거기에 원스텝이 연속적인 이어짐도 되고, 원 스텝으로 시작 스리 스텝으로의 전환, 투스텝으로 시작 원 스텝으로 연결도 가능하다.

❸ 시간과 공간적인 분류

한 발에 다른 한 발이 모아지거나, 뒤에 오는 발이 먼저 착지한 발에 모으듯 스치면서 정지하거나, 탭을 한 후에 다시 그 발로 움직인다. 두발로 한 단락을 이루면 투 스텝이요, 거기에 다시 한 발이 이어져 한 단락을 이루면 스리 스텝이 된다.

페더 스텝(Feather Step)

남성스텝

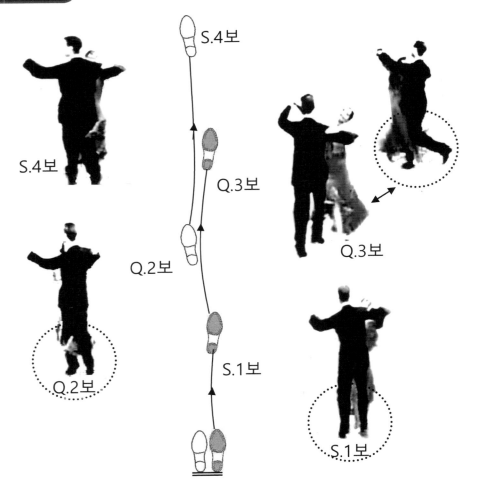

	1보	2보	3보	4보	오, 왼, 오, 왼
발동작	H.T	T	T.H	H.T	
회전량		없음			전진,
스웨이	S	R	R	S	쇼울더 리드사용
타이밍	S	Q	Q	S	2스텝 사용가
C.B.M	1, 4보에서 행해진다. (실전)				탄력을 활용

페더 스텝(Feather Step)

여성스텝

❶ 페더 스텝 : 왼발 후진하여 행한다. 3보 왼발이 남성의 우측 바깥으로-아웃사이드. 진행 방향은 DC, DW가 많이 사용되나 편집상 시각효과를 위해 L.O.D로 했다.

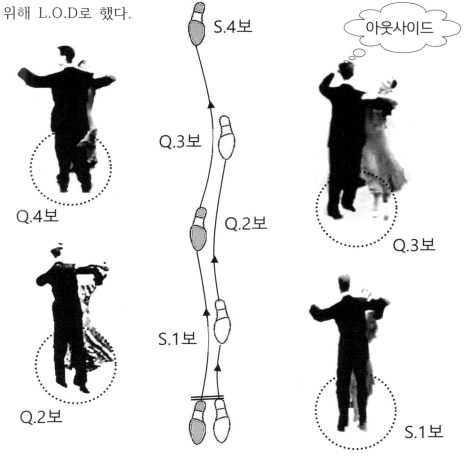

S.4보

아웃사이드

Q.3보

Q.4보

Q.2보

Q.3보

S.1보

Q.2보

S.1보

	1보	2보	3보	4보	왼, 오, 왼, 오
발동작	T.H	T	T.H	T.H	
회전량	회전량 없음				후진
스웨이	S	L	L	S	쇼울더 리드사용
타이밍	S	Q	Q	S	2스텝 사용가
C.B.M	1,4보에서 행해진다. (실전)				탄력을 활용

한명호의 댄스아카데미

스리 스텝(Three Step)

남성스텝

♣ 스리 스텝(Three Step): 오른발을 시작 발로 하여 전진한다. 3보로 이루어진다. 무조건 직선 진행은 결코 아니다. 보통 걸음도 똑바로 걷는다해도 직선이 아닌 이유다. 1-2보 사이에 오른쪽으로 살짝 리드한다.

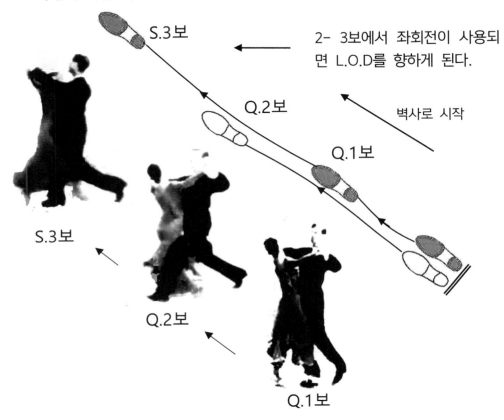

S.3보

2- 3보에서 좌회전이 사용되면 L.O.D를 향하게 된다.

Q.2보

벽사로 시작

Q.1보

S.3보

Q.2보

Q.1보

	1보	2보	3보	오, 왼, 오	
발동작	H.T	T.H	H.T	피겨 중간 사용 시 변화주의	
회전량	회전량 없음			전진	
스웨이	L	L	S	1, 2보 에서 약간 R-Side	
타이밍	Q	Q	S	2스텝 사용가	
C.B.M	3보에서 행해진다. (실전)			탄력을 활용	

스리 스텝(Three Step)

여성스텝

❷ 스리스텝(Three Step): 왼발을 시작 발로 하여 후진한다.

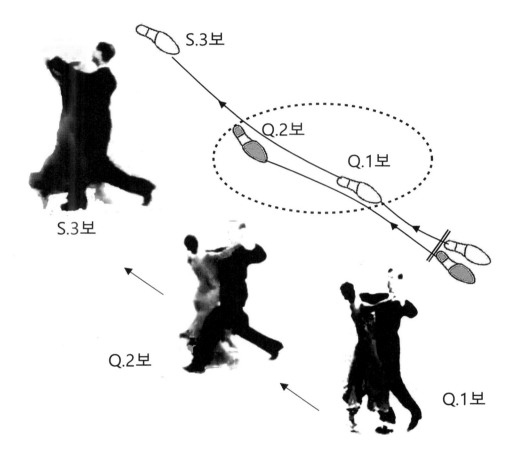

	1보	2보	3보	왼, 오, 왼	
발동작	T.H	T.H	T.H	피겨 중간 사용시 변화주의	
회전량	회전량 없음			후진	
스웨이	R	R	S	1, 2보 에서 약간R-Side	
타이밍	Q	Q	S	2 스텝 사용가	
C.B.M	3보에서 행해진다. (실전)			탄력을 활용	

❖ 옆에서 보는 페더 스텝

S.1보 ⟶ Q.2보 ⟶ Q.3보 ⟶ S.4보

왼발이던, 오른발이던 항상 전진하고 후진할 때는 항상 스웨이가 사용되기 마련이다. 그것은 배가 항해할 때 좌우로 물결을 차고 나가면서 이루어지는 현상과 마찬가지다. C.B.M 역시 강도의 차이가 있을 뿐 좌우로 나타나는 것도 같다. 페더 스탭에 있어서는 남성의 경우 오른발이 인사이드인가? 아웃사이드 인가에 따라 진행이 많이 달라진다. 물론 속도의 차이가 작용함은 당연하다. 여기서 발생하는 것이 좌우 어깨를 활용한 리드가 또 부수적으로 따라야 함도 당연.

♣ 옆에서 보는 스리 스텝

S.3보 ⟵ Q.2보 ⟵ Q.1보

쇼울더 리드에 있어 어깨가 향하는 방향과 힘이 가해지는 방향은 항상 상대적이다. 균형을 잡는 것이다. 왼발이 앞으로 나가면 왼손은 뒤로 향하고, 오른발이 앞으로 나가면 오른손은 뒤로 향한다. 이 원리에 의해 리드가 이루어진다.
강약의 안배와 스웨이와 C.B.M이 병행되어 복합적으로 이루어져 유기적인 작용으로 아름다운 자세와 힘찬 기상을 보이는 것이다. 훗트 워크는 기본 사항이다. 페더, 스리 스텝은 댄스의 기본이자, 테크닉 이다.

페더 스텝, 스리 스텝의 연결-1

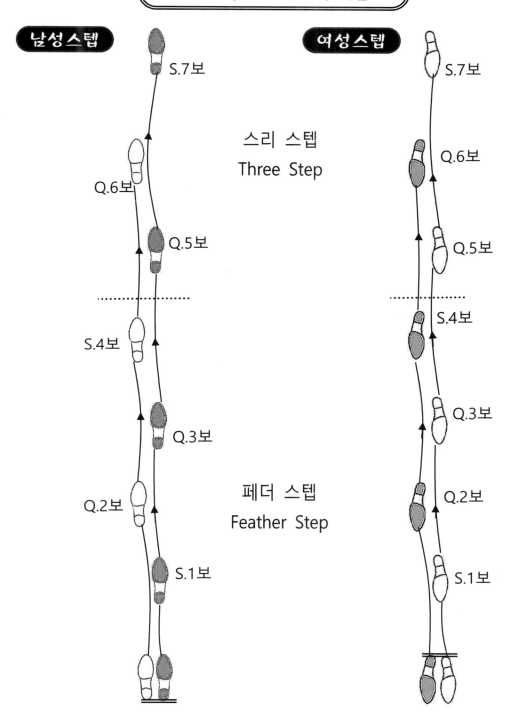

남성스텝

여성스텝

S.7보

스리 스텝
Three Step

Q.6보

Q.5보

S.4보

Q.3보

Q.2보

S.1보

페더 스텝
Feather Step

페더 스텝, 스리 스텝의 연결-2

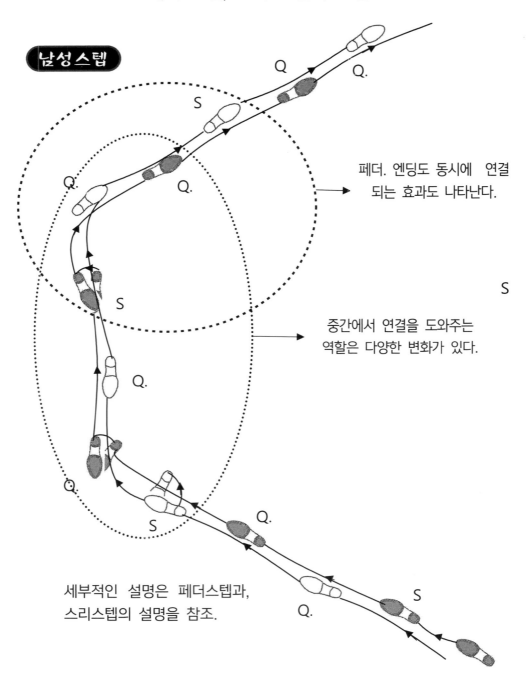

남성스텝

페더. 엔딩도 동시에 연결
되는 효과도 나타난다.

중간에서 연결을 도와주는
역할은 다양한 변화가 있다.

세부적인 설명은 페더스텝과,
스리스텝의 설명을 참조.

페더 스텝, 스리스텝의 연결-2

여성스텝

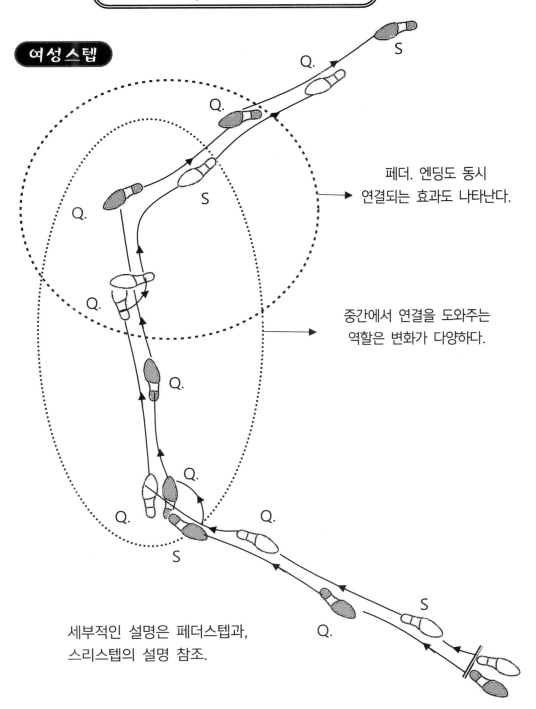

페더. 엔딩도 동시
연결되는 효과도 나타난다.

중간에서 연결을 도와주는
역할은 변화가 다양하다.

세부적인 설명은 페더스텝과,
스리스텝의 설명 참조.

남성스텝

커브 페더 To 백 페더

여기에서는 크게 두드러지지는 않지만 오르내림과 회전하는 부분이 중요하게 작용한다. 잊지 말아야 할 것은 기본적인 사항만 정확하게 지키면 된다는 것이다. 라이즈와 업된 상태, 로우어의 기본사항은 변동이 없다.

4보 유의할 점은 NFR(No foot rise)-끝에서 rise
왜? 후진 스텝으로 전환이 되기 때문이다.

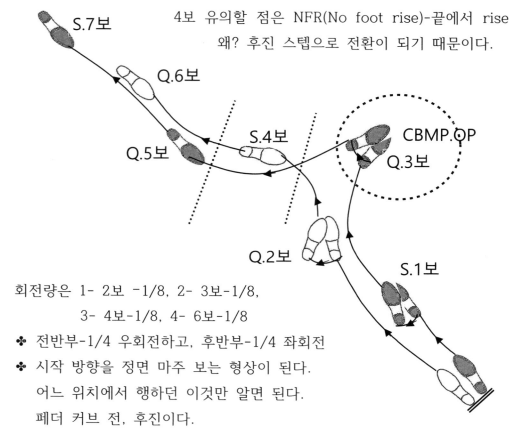

회전량은 1- 2보 -1/8, 2- 3보-1/8,
     3- 4보-1/8, 4- 6보-1/8

✿ 전반부-1/4 우회전하고, 후반부-1/4 좌회전

✿ 시작 방향을 정면 마주 보는 형상이 된다.
  어느 위치에서 행하던 이것만 알면 된다.
  페더 커브 전, 후진이다.

	1보	2보	3보	4보	5보	6보	7보
발동작	H.T	T	T.H	T.H	T	T.H	T.H
회전량		1-2(1/8), 2-3(1/8),3-4(1/8),4-6(1/8)					
스웨이	S	R	R	S	L	L	S
타이밍	S	Q	Q	S	Q	Q	S
C.B.M		1,3,4,7보에서 행해진다.					

댄스스포츠-❶

여성스텝 | 커브 페더 To 백 페더

여성의 움직임은 남성에 대해 항상 상대적이다. 흐름은 같아도 전진과 후진을 똑같이 행할 수는 없다. 거듭 강조하지만 인사이드인가? 아웃사이드인가 항상 유념하여야 한다. 시선이 향하는 것도 또한 중요하다.

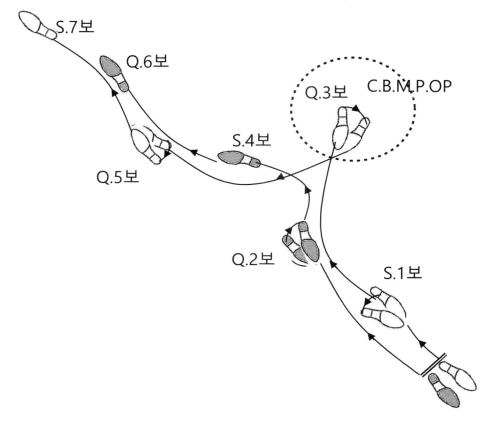

	1보	2보	3보	4보	5보	6보	7보
발동작	H.T	T	T.H	T.H	T	T.H	H.T
회전량		1-2(1/8), 2-3(1/8),3-4(1/8),4-6(1/8)					
스웨이	S	L	L	S	R	R	S
타이밍	S	Q	Q	S	Q	Q	S
C.B.M		1,3,4,7 보 에서 행해진다.					

한명호의 댄스아카데미

내추럴 턴(Natural Turn)

남성스텝 오른쪽으로의 움직임이다. 대표적인 방향전환이다.

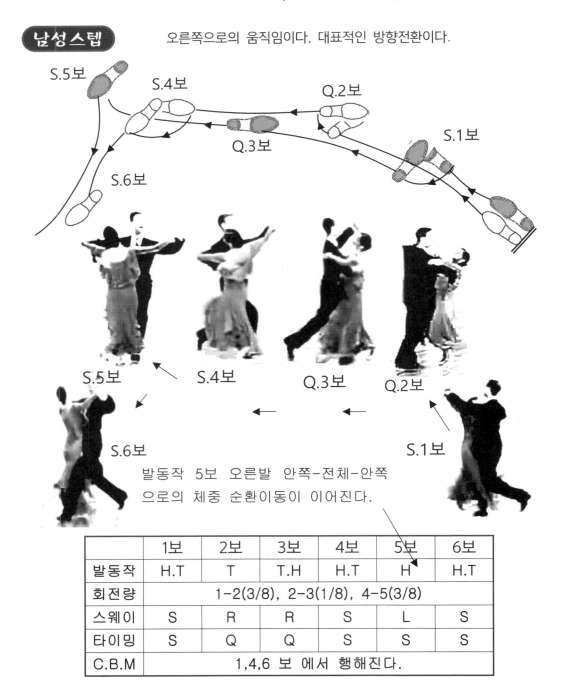

발동작 5보 오른발 안쪽-전체-안쪽
으로의 체중 순환이동이 이어진다.

	1보	2보	3보	4보	5보	6보
발동작	H.T	T	T.H	H.T	H	H.T
회전량	1-2(3/8), 2-3(1/8), 4-5(3/8)					
스웨이	S	R	R	S	L	S
타이밍	S	Q	Q	S	S	S
C.B.M	1,4,6 보 에서 행해진다.					

- 134 -

여성스텝 내추럴 턴(Natural Turn)

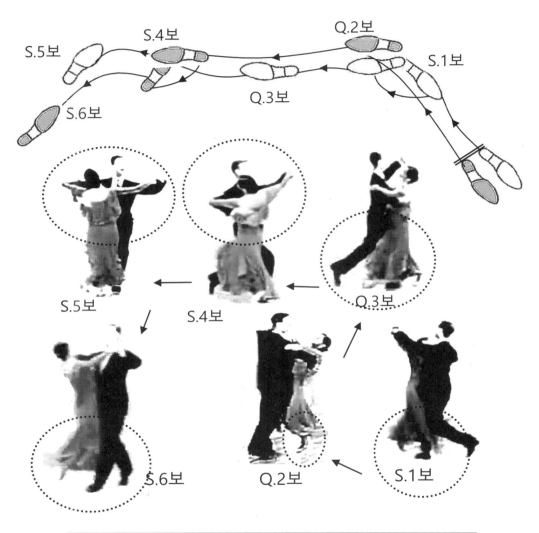

	1보	2보	3보	4보	5보	6보
발동작	T.H	H.T	T.H	H.T	T.H.T	T
회전량	1-2-(1/2), 4-5-(3/8)					
스웨이	S	L	L	S	R	S
타이밍	S	Q	Q	S	S	S
C.B.M	1,4,6 보 에서 행해진다.					

한명호의 댄스아카데미
리버스 턴(Revers Turn)-페더 엔딩

완쪽-시계 반대 방향으로의 진행이다. 방향전환이다. 리버스 계열의 피겨는 전부 이 방향이다. - 페더 엔딩 연결한 예이다.

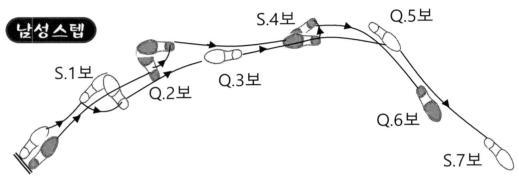

	1보	2보	3보	4보	5보	6보	7보
발동작	H.T	T	T.H	T.H.T	T	T.H	H.T
회전량	1-2보-(1/4), 2-3보-(1/8), 4-5보-(3/8)						
스웨이	S	L	L	S	R	R	S
타이밍	S	Q	Q	S	Q	Q	S
C.B.M	1, 4, 7보에서 행해진다.						

◆ 댄스의 진행원리

댄스의 기본 진행은 전, 후, 좌, 우인데 제일 기본은 전진이다. 왼발이던, 오른발이던 무조건 전진이다. 댄스란 진행이 우선이라는 원칙에 부합 하는 것이다. 그리고 차선은 후행이다. 진행 중 왼쪽으로 갈 것인가 오른쪽으로 갈 것인가? 가 정해진다. 그리고 그다음은 후진이다. 왜? 진퇴가 1순위다. 방향전환인 좌, 우는 중간 매체이다. 리버스는 전진에서 왼쪽으로의 선회다. 그리고 다음에는 후진이다. 정해진 공식이요, 순리다. 댄스의 모든 피겨는 이 원리에서 벗어날 수가 없다. 진행이 우선이 아닐 경우 후행이 차선으로 다음이다. 후행 역시 일단 뒤로 후진한 후 방향을 전환한다. 그리고는 전진이다. 곧이어 방향전환이 이어지고 후진, 전진이 반복되는 것이다. 피겨의 구성은 복잡한 것 같아도 다 이 원리다.

리버스 턴(Revers Turn)-페더엔딩

여성스텝

여성 역시 왼쪽-시계 반대 방향으로 진행이다. 방향전환이다.
발과 움직임은 달라도 흐름은 같다 - 페더 엔딩 연결.

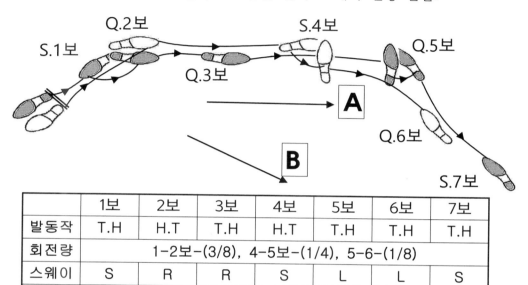

	1보	2보	3보	4보	5보	6보	7보
발동작	T.H	H.T	T.H	H.T	T.H	T.H	T.H
회전량	1-2보-(3/8), 4-5보-(1/4), 5-6-(1/8)						
스웨이	S	R	R	S	L	L	S
타이밍	S	Q	Q	S	Q	Q	S
C.B.M	1,4,7 보에서 행해진다.						

여성은 남성과는 상대적인 것이 댄스다. 같은 발이 동시에 움직인다면 부딪히고 말 것이다. 그리고 상대가 진행하는 데 방해가 되어서는 안 된다. 남성이 전진하면 여성은 후진, 남성이 후진하면 여성은 전진한다. 그렇다고 남성이 왼쪽으로 움직이는데 여성이 오른쪽으로 움직인다면 콩가루가 된다. 흐름은 항상 같이 가는 것이다. 물론 반대로 향하기도 한다. 그것은 충돌이 생기므로 서로가 피하는 것이다. 엇갈린 상태에서 이루어지는 것이다. 리버스 에서 중요한 것은 1보와 2보다. 여성의 훗트워크가 중요하다. 힐턴을 사용하는 것인데 남성이 후진하며 피겨를 행할 경우 역시 이 힐턴을 사용한다. 결론은 남성이 여성 역할을 하는 것이다. 뒤로 갈 경우 말이다. 여성은 전진하며 남성의 역할을 한다. 전진과 후진이다. 전진은 양(陽)이요, 후진은 음(陰)이다.

한명호의 댄스아카데미

리버스 턴(Revers Turn)-페더엔딩

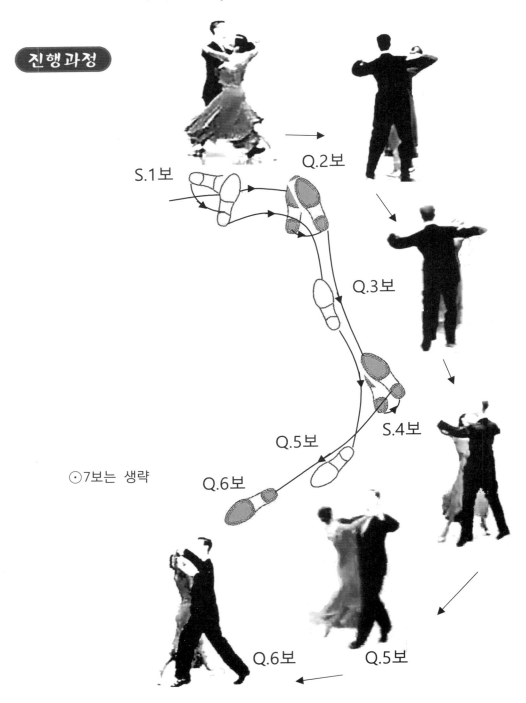

진행과정

S.1보

Q.2보

Q.3보

S.4보

Q.5보

Q.6보

⊙7보는 생략

Q.6보

Q.5보

리버스 턴(Revers Turn)-반복연습

리버스턴을 연결 행하는 과정이다. 회전량을 약간씩 변형 연결하였다.
연결방법은 행하는 사람에 따라 달라지는 것이 당연하다.

남성스텝

S.4보

Q.5보

Q.3보

S.1보

S.2보

Q.2보

Q.6보

S.1보

Q.2보

Q.3보

S.4보

Q.5보

Q.6보

Q.3보

S.1보

Q.2보

한명호의 댄스아카데미

리버스 턴(Revers Turn)-반복연습

여성스텝

리버스 턴을 연결, 행하는 과정이다. 남성의 리드에 따라 움직이면 되는 것이나 어떻게 변화하는지 알아야 한다. 리버스 계열이므로 L.O.D와 어떤 관계인가를 살펴라.

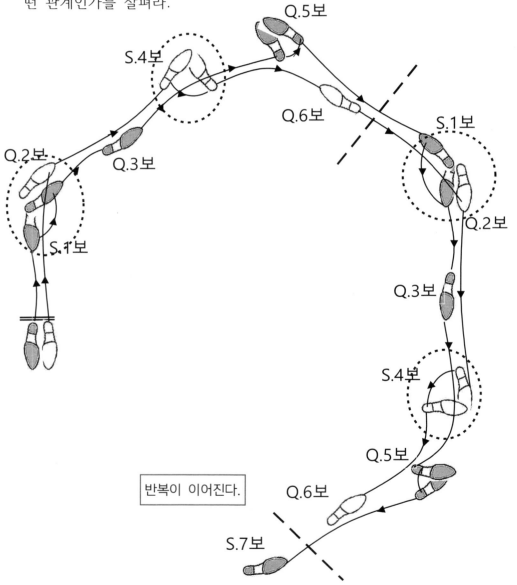

Q.5보

S.4보

Q.6보

S.1보

Q.2보

Q.3보

S.1보

Q.2보

Q.3보

S.4보

반복이 이어진다.

Q.5보

Q.6보

S.7보

임피터스 턴(Impetus Turn)-페더엔딩

남성스텝

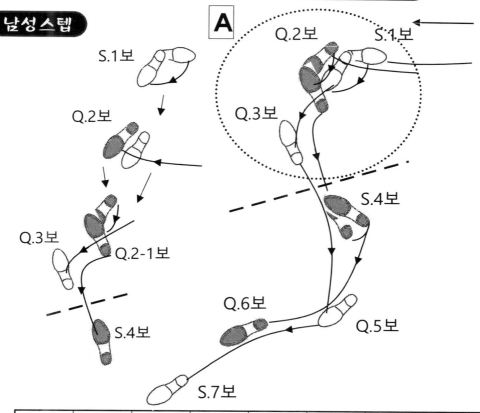

	1보	2보	3보	4보	5보	6보	7보
발동작	T.H	H.T	T.H	T.H.T	T	T.H	T
회전량	1-2보-3/8, 2-3보-3/8, 4-5보-1/4							
스웨이	S	L	S	S	R	R	S
타이밍	S	Q	Q	S	Q	Q	S
C.B.M	1,4,7 보에서 행해진다.							

임피터스 턴도 크로즈 상태, 오픈 상태가 있다. 여기서는 크로즈 상태를
설명한 것이다. 1보와 2보에서 크로즈 상태인가? 오픈 상태인가로 구분한
다. 임피터스 턴은 힐턴의 작용이 중요하다. 상대적이라 말했지만 한쪽이
힐턴이면 한 쪽는 사이드 전진으로 나타난다. 내츄럴, 리버스턴의 1, 2보
에서 보면 알 것이다. 임피터스.턴은 3보까지 4보부터는 페더엔딩.

한명호의 댄스아카데미

임피터스 턴(Impetus Turn)

남성스텝

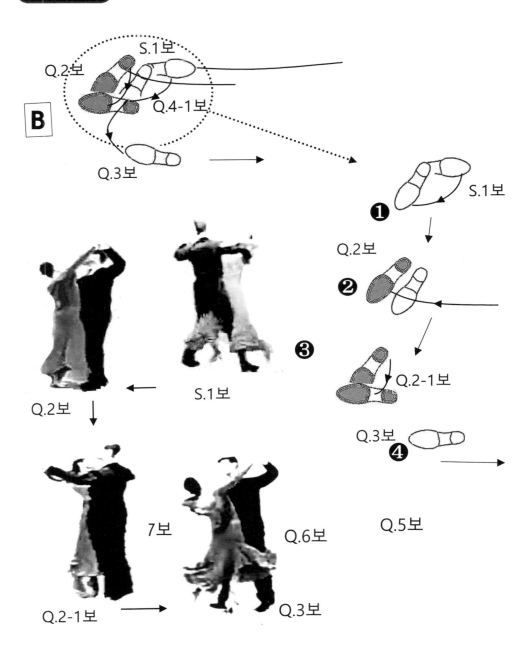

임피터스 턴(Impetus Turn)-페더 엔딩

진행도

Q.2보   S.1보

Q.3보

S.4보

Q.5보

Q.6보

S.7보

한명호의 댄스아카데미

임피터스 턴(Impetus Turn)-페더 엔딩

여성스텝

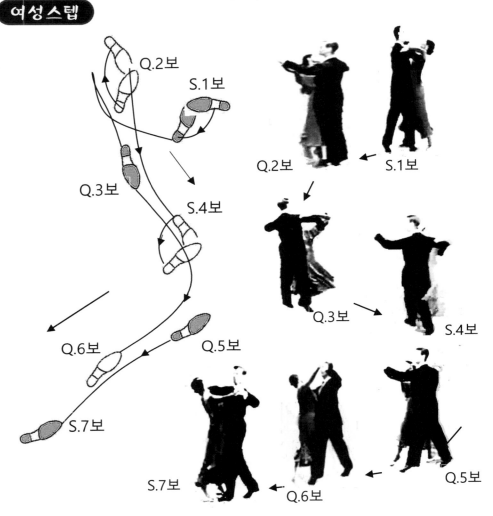

	1보	2보	3보	4보	5보	6보	7보
발동작	H.T	T	T.H	H.T	T.H	T.H	T.H
회전량		1-2보-3/8, 2-3보-3/8, 4-5보-1/4					
스웨이	S	R	S	S	L	L	S
타이밍	S	Q	Q	S	Q	Q	S
C.B.M		1, 4, 7보에서 행해진다.					

베이식 위브(Basic Weave)

일반적으로 피겨의 연결에 있어서 반드시 선행, 후행이 있기 마련이다. 시작이 있으면 끝이 있는 것이다. 시작이란? 선행을 말하고 끝이란 후행이다. 댄스에 있어서 필수요건이다. 이것이 없다면 단순한 부분 동작 연습하는 것에 불과하다. 댄스를 즐기는 사람 또한 이것을 확실히 모르고 행한다면 보는 것으로 만족해야 한다. 선행 피겨도 대표적인 것들이 많으니 하나씩 익히도록 하자. 상의를 입으려면 그에 알맞은 안과 겉의 옷 종류를 택하듯 피겨도 마찬가지다. 하의를 입는데 런닝을 걸친다면? 상의를 입는데 팬티를 걸친다면? 선행과 후행을 선택하는 이유다.

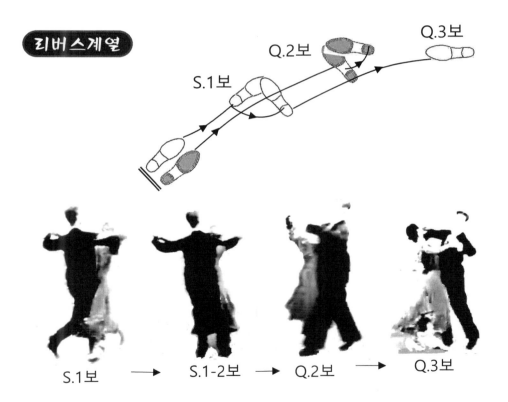

2보에서 회전량을 줄이는 경우다. 돌발적 상황이 나타난 것이다. 이런 경우도 종종 있다. 회전량만 차이로 후행 방향이 바뀐다.

한명호의 댄스아카데미

베이식 위브(Basic Weave)

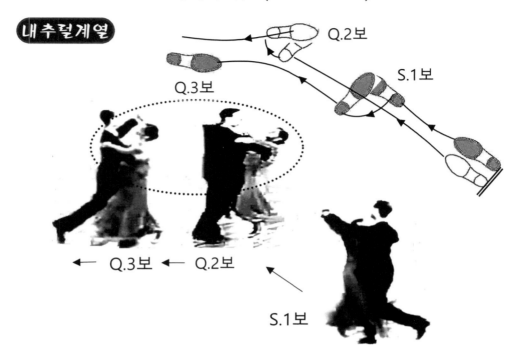

내추럴계열

Q.2보

S.1보

Q.3보

Q.3보 ← Q.2보

S.1보

댄스의 움직임은 전진과 후진이다. 회전하던, 안 하던 결국 앞이나 뒤로 움직이는 것이다. 물론 옆으로 가는? 경우도 있다. 가재나 게가 아닌 이상 계속 옆으로 간다는 것은 무의미한 것이다.

앞뒤로 움직이다 보면 장애물도 나타나고 가로막히는 경우도 생긴다. 이럴 경우, 피하여 돌아가던가 다른 방향을 택해 전, 후진해야 한다.

또 다른 경우는 변화를 가하여 전, 후진의 움직임을 보다더 율동적으로 하는 것이다. 결국은 전, 후진 하는 것이지만 좌우 공간을 활용하여 전 후진을 반복하는 것이다. 이에는 L.O.D라 해서 댄스의 진행 방향이 성립 되는 것이다. 서로 간의 룰이 되는 것이다.

시계 반대 방향으로 하여 전진과 후진을 하는 것이다.

중간에서 다양한 변화를 나타내는 방법으로 좌우 움직임을 원활히 하는 데 내추럴(시계방향), 리버스(시계 반대 방향)턴 사용하는데 감초와 같은 역할을 한다. 필수요소다. 어떻게 사용되는 가 잘 살펴보자.

베이식 위브(Basic Weave)

남성 기본패턴

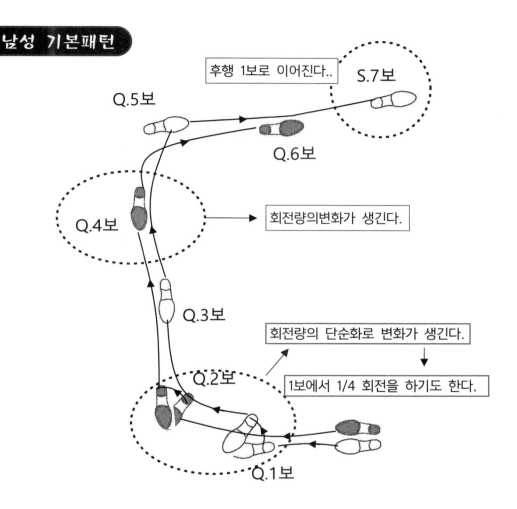

후행 1보로 이어진다..

S.7보

Q.5보

Q.6보

회전량의변화가 생긴다.

Q.4보

Q.3보

회전량의 단순화로 변화가 생긴다.

Q.2보

1보에서 1/4 회전을 하기도 한다.

Q.1보

	1보	2보	3보	4보	5보	6보	7보
발동작	H.T	T	T	T	T	T.H	H.T
회전량		1/8	1/8		1/4		
스웨이	S	L	L	S	R	R	S
타이밍	Q	Q	Q	Q	Q	Q	S
C.B.M	1,4,7 보에서 행해진다.						

베이식 위브(Basic Weave)

기본적인 웨이브의 기본패턴이나 이제는 약간 한물간 구형으로 변하고 있다. 그러나 중요한 것은 정확한 패턴이다. 회전량의 변화를, 변화로 보라.

여성 기본패턴

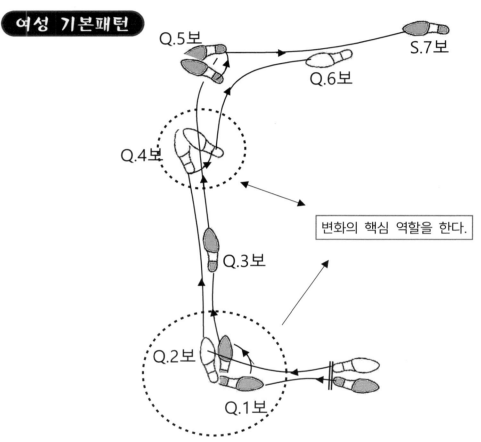

변화의 핵심 역할을 한다.

	1보	2보	3보	4보	5보	6보	7보
발동작	T.H	T	T	T	T.H	T.H	T
회전량	1-2보(1/4), 4-5보(1/8), 5-6(1/8)						
스웨이	S	R	R	S	L	L	S
타이밍	Q	Q	Q	Q	Q	Q	S
C.B.M	1,4,7 보에서 행해진다.						

내추럴 위브(Natural Weave)

남성스텝

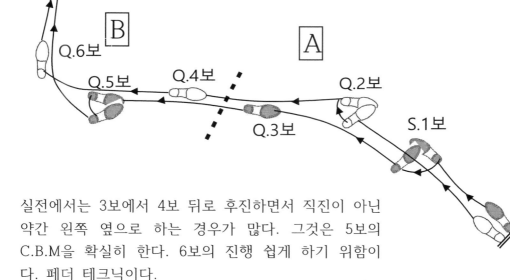

A-내추럴 턴 1-3보, B-패더엔딩 전체를 나누어 보면
기본기의 조합이다.
8보는 후행의 첫 보로 생각하면 된다.

실전에서는 3보에서 4보 뒤로 후진하면서 직진이 아닌
약간 왼쪽 옆으로 하는 경우가 많다. 그것은 5보의
C.B.M을 확실히 한다. 6보의 진행 쉽게 하기 위함이
다. 페더 테크닉이다.

	1보	2보	3보	4보	5보	6보	7보	8보
발동작	H.T	T	T	T	T	T	T.H	H.T
회전량			1-2보 사이 3/8,		5-6보	1/4		
스웨이	S	R	S	L	S	R	R	S
타이밍	S	Q	Q	Q	Q	Q	Q	S
C.B.M		1,5,8 보 에서 행해진다.						

내추럴 위브(Natural Weave)

여성스텝

A-내추럴턴 1-3보, B-패더 엔딩 전체를 나누어 보면 기본기의 조합이다. 8보는 후행의 첫 보로 생각하면 된다.

S.8보

Q.7보

B

A

Q.2보

Q.4보

Q.6보

Q.5보

Q.3보

S.1보

1보 왼발에서 힐턴을 사용하면서 2보 오른발을 모은다.

3보에서는 아웃사이드 준비를 하고 4보에서 C.B.M.P를 이루고 남성의 아웃사이드를 이룬다. 실전에서는 5보에 매우 신속을 요 한다.

5보와 6보의 간격은 남성의 리드에 따라 약간의 융통성이 발휘된다.

	1보	2보	3보	4보	5보	6보	7보	8보
발동작	T.H	H.T	T	T	T	T.H	T.H	T.H
회전량	1-2보 -오른쪽 3/8, 5-6보 왼쪽 1/8, 6-7보-1/8							
스웨이	S	L	S	R	S	L	L	S
타이밍	S	Q	Q	Q	Q	Q	Q	S
C.B.M	1,5,8 보 에서 행해진다.							

리버스 웨이브(Reverse Wave)

남성스텝

A-리버스턴의 1-3보, B-백 패더
C-임피터스 턴 전체를 나누어 보면 기본
기의 조합이다.
7보와 8보 사이를 약간 옆으로 한다.
후행의 9보를 행할 시 8보의 체중 이동
의 변화를 잘 살펴야 한다. 7보, 8보 역
시 힐턴, IE의 사용에 신속함이 필요하다.

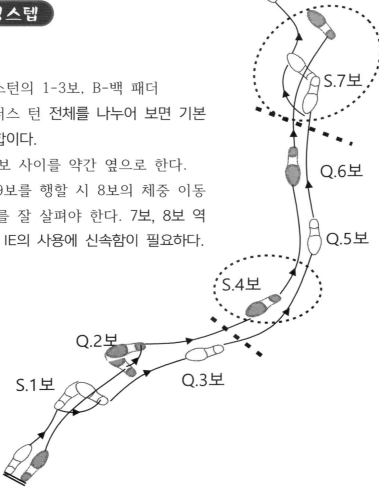

	1보	2보	3보	4보	5보	6보	7보	8보	9보
발동작	H.T	T	T.H	T.H	T	T.H	T.H	H.IE	H.T
회전량	1-2보 -왼 1/4, 2-3보 왼 1/8, 4-6보-1/8, 7-8-(3/8)								
스웨이	S	L	L	S	R	R	S	L	S
타이밍	S	Q	Q	S	Q	Q	S	S	S
C.B.M	1,4,7,9 보에서 행해진다.								

한명호의 댄스아카데미

리버스 웨이브(Reverse Wave)

여성스텝

A-리버스 턴 1-3 보 B-백.패더
C-임피터스 턴(크로즈, 오픈)
전체를 나누어 보면 기본기의 조합이다.

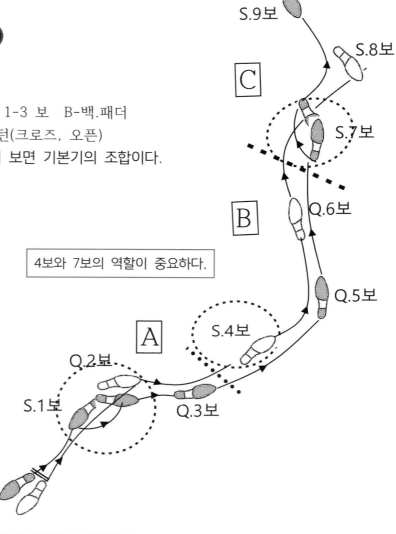

4보와 7보의 역할이 중요하다.

	1보	2보	3보	4보	5보	6보	7보	8보	9보
발동작	T.H	H.T	T.H	H.T	T	T.H	H.T	T.H.IE	T.H
회전량			1-2보 -왼 3/8,		4-6보-1/8,	7-8-(3/8)			
스웨이	S	R	R	S	L	L	S	R	S
타이밍	S	Q	Q	S	Q	Q	S	S	S
C.B.M		1,4,7,9 보에서 행해진다.							

분석 실전 연결 연습 - ❶

남성스텝

A-리버스 턴 1-3 보,
B-백 패더-4-6 보
연결 동작으로 이어진다. 진행 과정이다.
어떻게 조합이 이루어지는가를 살펴야 한
다.

Q.6보

B

회전 없이도 행한다

A

S.4보

Q.3보

Q.5보

S.1보

Q.2보

Q.6보

Q.5보

S.4보

분석 실전 연결 연습 - ❷

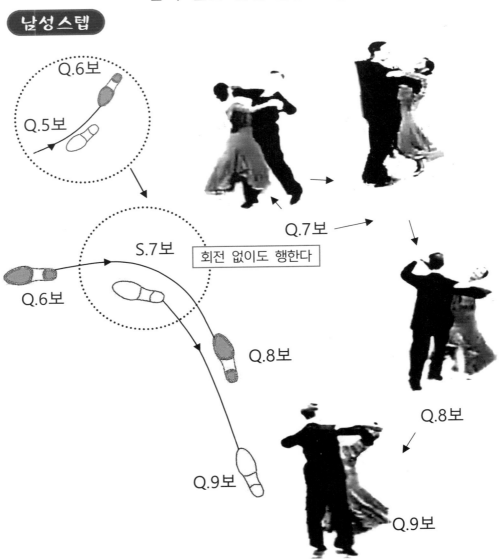

Q.6보

Q.5보

S.7보

회전 없이도 행한다

Q.6보

Q.7보

Q.8보

Q.8보

Q.9보

Q.9보

백 페더 스텝의 연결이다. 좌, 우로 이어지는 경우다. 왼발, 오른발로 이어지는 백스텝이다. 어느 경우에 회전이 이루어지고, 어느 경우에 후진이 이어지는가 살펴야 한다. 남성의 경우 리드에 따른 포지션을 확인하고 왼쪽, 오른쪽, 인사이드, 아웃사이드를 확인해야 한다. 회전량은 1/4-3/8까지 허용된다. 보통 1/4회전을 주로 한다.

분석 실전 연결 연습 - ❸

남성스텝

좌회전하면서 이루어지는 백. 페더. 회전 시 시간상의 제약, 기타 테크닉을 구사하는 어려움 등등을 이유로 실전에서는 회전이 없이 바로 강한 C.B.M으로 대처, 행하기도 한다.

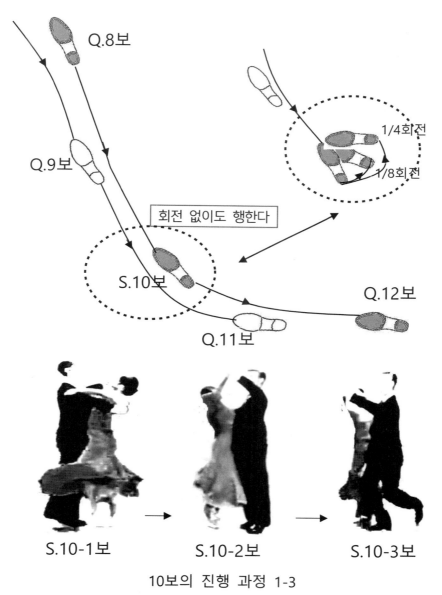

10보의 진행 과정 1-3

남성스텝

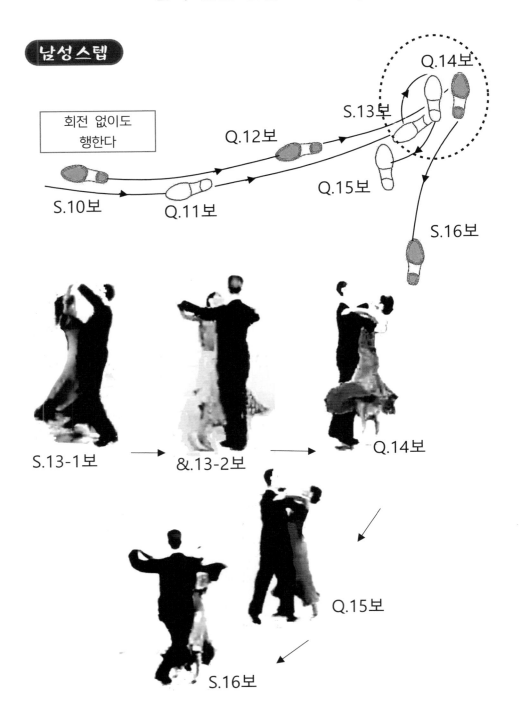

회전 없이도 행한다

Q.14보
S.13보
Q.12보
Q.15보
S.10보
Q.11보
S.16보

S.13-1보 → &.13-2보 → Q.14보

Q.15보

S.16보

분석 실전 연결 연습 - ❶

여성스텝

안, 밖의 구별.
어느 발에서 인-라인이고, 어느 발에서 아웃-사이드 되어야 하나?

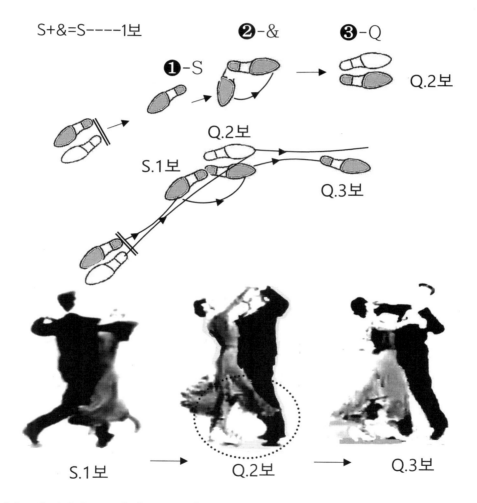

S.1보 → Q.2보 → Q.3보

리버스 턴 1,2,3보. 여성은 1보와 2보에서 두 발을 모으고, 체중을 왼발로 이동 곧바로 오른발 전진한다. 여성의 기본 테크닉. 힐턴을 항상 염두에 두고 숙달 해야 한다. &의 사용에 대한 배려가 필요하다. S+&=S

한명호의 댄스아카데미

분석 실전 연결 연습 - ❷

남성이던, 여성이던 이 피겨를 이해한다면 백. 스텝에 대한 확고한 개념이 확립될 것이다. 후진 피겨에 대한 자신감이 생긴다는 것이다. 이 책을 읽게 된 것에 대한 만족감을 느낄 것이다.

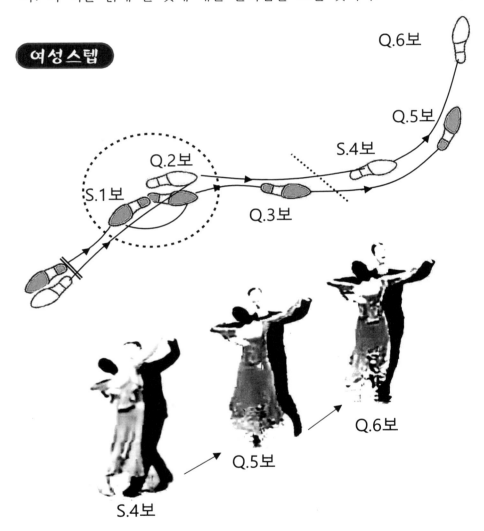

여성은 1-3보 리버스 턴을 행한 후 백 페더로 연결이 된다. 백 스텝 하는 요령은 남성과는 반대로 여성은 전진하면서 행한다. 커브를 이루며 행함은 같다.

분석 실전 연결 연습 - ❸

여성스텝

S.10보

Q.9보

Q.8보

S.7보

Q.9보

S.10보

S.7보

Q.8보

Q.6보

7보와 8보를 잘 살펴야 한다. 실질적인 드라이브는 8보에서 걸리지만 7보에서 묵시적인 준비가 작용 된다. 강약이 조절이 절실하다. 커브를 이루며 걷는 것을 누구인 들 못할 것인가?

분석 실전 연결 연습 - ❹

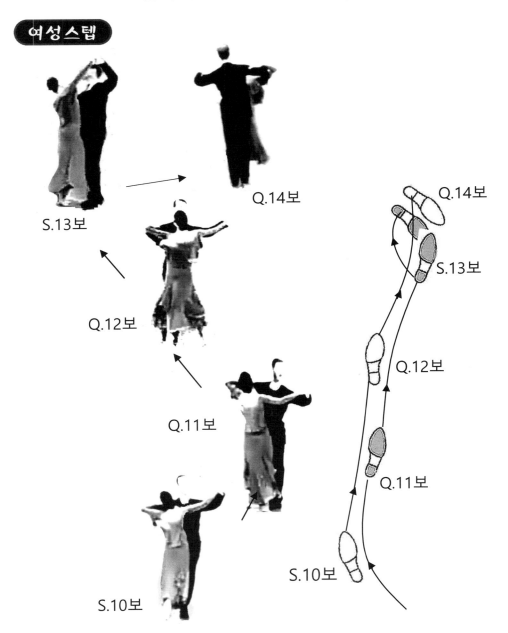

여성스텝

Q.14보

S.13보

Q.12보

Q.11보

S.10보

Q.14보

S.13보

Q.12보

Q.11보

S.10보

13-14 보에 남성과 여성의 서 있는 위치에 따라 후행 피겨가 달라진다. 비교적 무난한 방법을 사용하나 특이함을 원할 경우, 양 사이드에 위치 하기도 한다.

분석 실전 연결 연습 - ❺

여성스텝

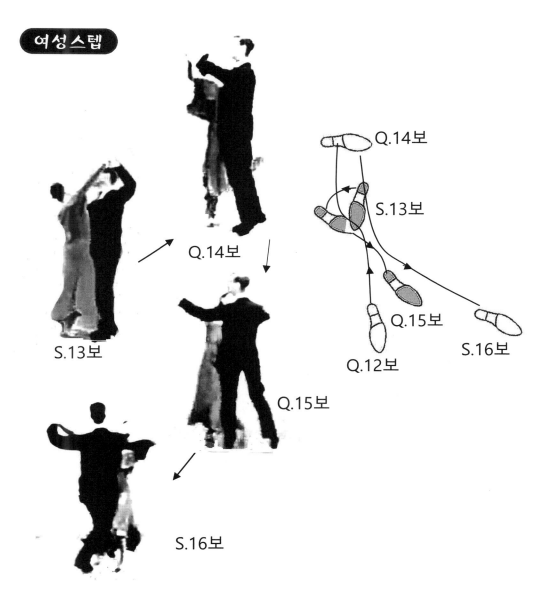

마무리 동작으로 들어간다. 피니시 하는 것이다. 여성은 13보, 14보에
서 사이드 간격을 자신의 움직임에 무리가 가지 않을 정도로 적당한
간격을 유지하여 조절하고 15보, 16보로 연결된다. 16보 C.B.M주의.

한명호의 댄스아카데미

페더 피니시(Feather Finish)

남성스텝

선행 피겨로 크로즈. 임피터스를
한 후 왼발 후진하면서 시작

Q.1보

S.2보

S,Q,Q,S- 4보
페더-피니시

Q.4보

Q.3보

S.5보

Q.1보

S.2보

Q.3보

Q.4보

S.5보

	2보	3보	4보	5보	오, 왼, 오, 왼
발동작	T.H.	T	T.H	H.T	후진,사이드, 전진
회전량		2-3보 사이 3/8			전체-3/8
스웨이	S	R	R	S	쇼울더리드사용
타이밍	S	Q	Q	S	2보에서 Q도 사용
C.B.M		2,5 보 에서 행해진다. (실전)			탄력을 활용

페더 피니시(Feather Finish)

여성스텝

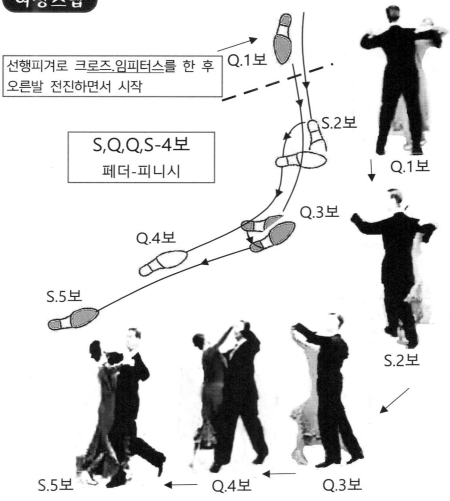

선행피겨로 크로즈.임피터스를 한 후 오른발 전진하면서 시작

Q.1보

S,Q,Q,S-4보
페더-피니시

S.2보

Q.3보

Q.4보

S.5보

Q.1보

S.2보

S.5보 Q.4보 Q.3보

	2보	3보	4보	5보	왼, 오, 왼, 오
발동작	H.T	T	T.H	T.H	전진,사이드, 후진
회전량		2보-1/4,	3보-1/8		전체-3/8
스웨이	S	L	L	S	쇼울더 리드사용
타이밍	S	Q	Q	S	2보에서 Q도 사용
C.B.M		2보에서 행해진다. (실전)			탄력을 활용

- 163 -

한명호의 댄스아카데미

라이트 샤세 – 위브 엔딩

남성스텝

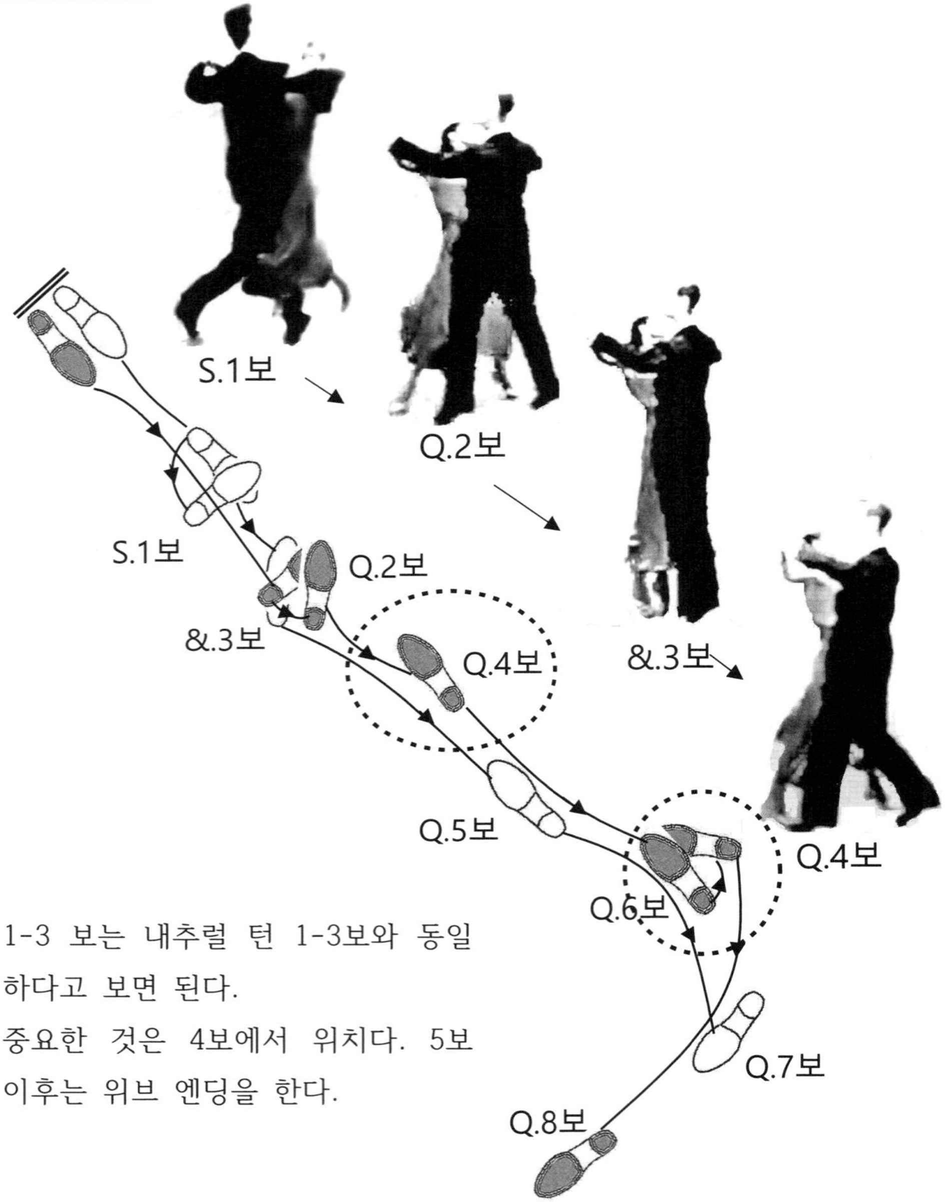

S.1보

Q.2보

S.1보

Q.2보

&.3보

Q.4보

&.3보

Q.5보

Q.4보

Q.6보

Q.7보

Q.8보

1-3 보는 내추럴 턴 1-3보와 동일
하다고 보면 된다.
중요한 것은 4보에서 위치다. 5보
이후는 위브 엔딩을 한다.

라이트 샤세는 1-4 보이나 중요한 것은 후행을 어떻게 하느냐.
다양한 변화가 많이 나온다. 응용을 많이 하자.

라이트 샤세 – 위브 엔딩

여성스텝

남성이 전진 시 여성은 후진한다.
힐턴을 사용해도 될 것인가를 살펴보자.
가능과 불가능의 이유는 무엇일까?

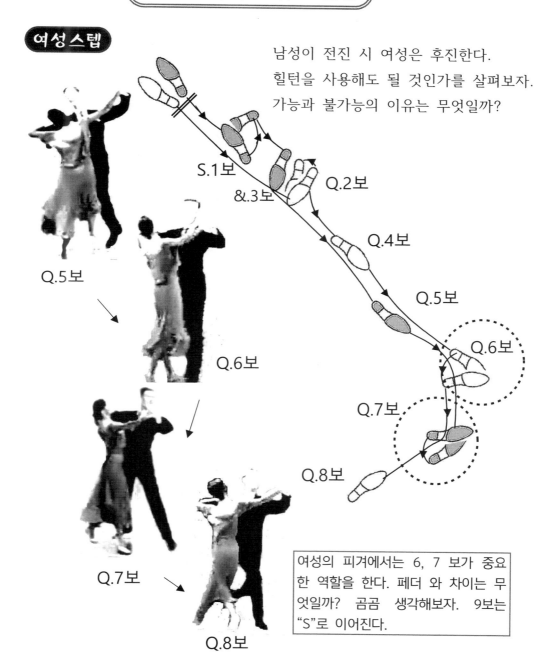

S.1보
&.3보
Q.2보
Q.4보
Q.5보
Q.6보
Q.7보
Q.8보

Q.5보
Q.6보
Q.7보
Q.8보

여성의 피겨에서는 6, 7 보가 중요한 역할을 한다. 페더 와 차이는 무엇일까? 곰곰 생각해보자. 9보는 "S"로 이어진다.

라이트 샤세 - 위브 엔딩

오른쪽 사이드 이동을 하면서 행하는 피겨다. 신속함과 후행의 다양한 변화를
구사해야 제대로 맛이 나온다. 변화란 아는 만큼 행하는 것이다.

남성스텝

S.1보 ➝ Q.2보 ➝ &.3보 ➝ Q.4보

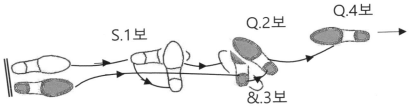

	1보	2보	3보	4보	왼, 오, 왼, 오
발동작	H.T	T	T	T	전진,사이드, 후진
회전량	1-2보-1/4, 2-3보 사이 1/8, 3-4보-1/8				전체-1/2
스웨이	S	L	L	S	쇼울더 리드사용
타이밍	S	Q	&	Q	
C.B.M	1,4보 에서 행해진다. (실전)				탄력을 활용

라이트 샤세 – 위브 엔딩

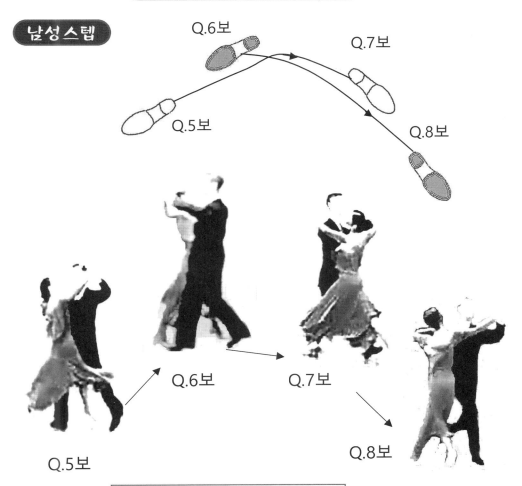

남성스텝

Q.6보

Q.7보

Q.5보

Q.8보

Q.6보

Q.7보

Q.8보

Q.5보

✌ 4보는 후행에 따라 HW이 달라진다.

	5보	6보	7보	8보	왼, 오, 왼, 오
발동작	T	T	T	T.H	후진,사이드, 전진
회전량	6-7보 사이 좌로 1/4, 3/8-가능				전체-1/4, 3/8
스웨이	L	S	R	R	쇼울더 리드사용
타이밍	Q	Q	Q	Q	
C.B.M	6보에서 행해진다.				탄력을 활용

라이트 샤세 – 위브 엔딩

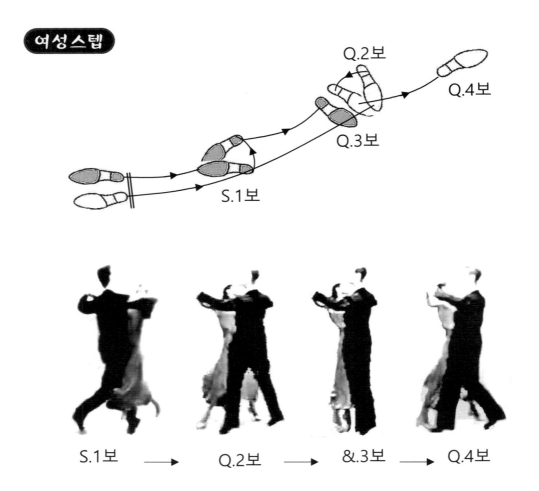

여성스텝

Q.2보
Q.4보
Q.3보
S.1보

S.1보 ⟶ Q.2보 ⟶ &.3보 ⟶ Q.4보

	1보	2보	3보	4보	왼, 오, 왼, 오
발동작	T.H	T	T	T	전진,사이드, 후진
회전량	1-2보-1/8-1/4, 2-3보 사이 1/8, 3-4보-1/8				
스웨이	S	R	R	S	쇼울더 리드사용
타이밍	S	Q	&	Q	
C.B.M	1, 4보에서 행해진다. (실전)				탄력을 활용

라이트 샤세 – 위브 엔딩

여성스텝

Q.5보 ⟶ Q.6보 ⟶ Q.7보 ⟶ Q.8보

	5보	6보	7보	8보	왼, 오, 왼, 오
발동작	T	T	T	T.H	후진,사이드, 전진
회전량	6-7보 사이 좌로 1/4				전체-1/4
스웨이	S	L	L	S	쇼울더 리드사용
타이밍	Q	Q	Q	Q	
C.B.M	6보에서 행해진다.				탄력을 활용

체인지 오브 디렉션(Change Of Direction)

남성스텝

2보 훗트 워크-T.H-❶인사이드 앞부분--❷ 왼발 T의 IE 그리
고 3보를 행한다.

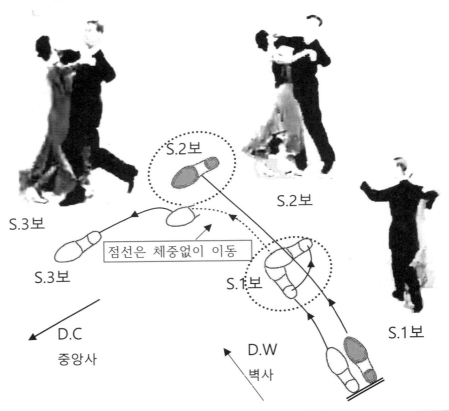

S.2보

S.2보

S.3보

점선은 체중없이 이동

S.3보

S.1보

S.1보

D.C
중앙사

D.W
벽사

	1보	2보	3보	왼, 오, 왼,
발동작	H.T	설명참조	H.T	전진,사이드, 전진
회전량	1-2보-1/4, (2-3보에서 변화가능-코너)			
스웨이	S	L	S	쇼울더 리드사용
타이밍	S	S	S	2스텝 사용가
C.B.M	1,3 보 에서 행해진다. (실전) - 탄력을 활용			

체인지 오브 디렉션(Change Of Direction)

여성스텝

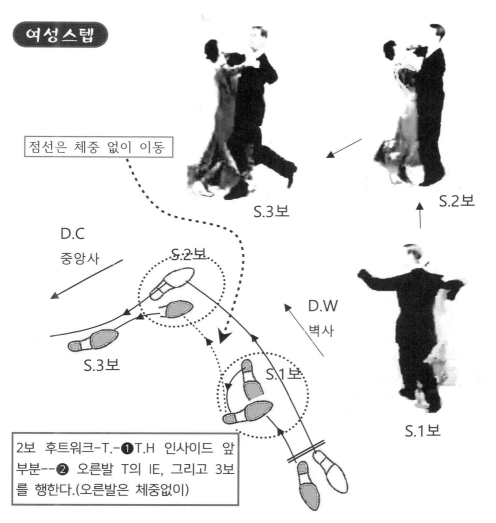

점선은 체중 없이 이동

S.3보

S.2보

D.C
중앙사

S.2보

S.3보

D.W
벽사

S.1보

S.1보

2보 후트워크-T.-❶T.H 인사이드 앞부분--❷ 오른발 T의 IE, 그리고 3보를 행한다.(오른발은 체중없이)

	1보	2보	3보	오, 왼, 오
발동작	T.H	설명참조	T.H	후진
회전량			1-2보-왼쪽으로 1/4,	
스웨이	S	R	S	쇼울더 리드사용
타이밍	S	S	S	2스텝 사용가
C.B.M			1, 3보에서 행해진다. (실전)	

오픈 텔레마크(Open Telemark)

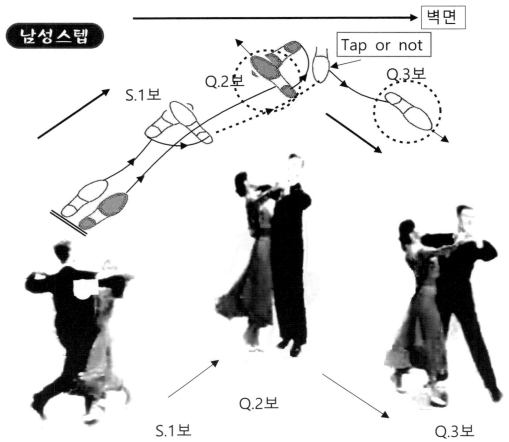

	1보	2보	3보
발동작	H.T	T	T.H
회전량	1-2보 왼쪽-1/4,	2-3보 왼쪽- 1/2	
스웨이	S	L	S
타이밍	S	Q	Q
C.B.M	1보 에서 사용		

2보, 3보에서 회전량은 2보의 정면과 3보의 화살표를 보면 알 수 있다.
서로가 반대 방향을 향한다. 회전량은 1/2이다, 1/4씩 2회의 동작으로 이루
어진다. 간혹 회전량이 많은 것 아니냐는 질문을 받는데 2보의 시작, 3보의
시작을 잘 보라.

오픈 텔레마크(Open Telemark)

여성스텝

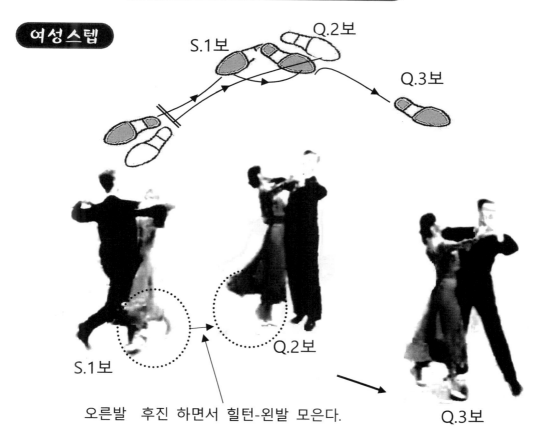

오른발 후진 하면서 힐턴-왼발 모은다.

	1보	2보	3보
발동작	T.H	H.T	T.H
회전량	1-2보 사이-왼쪽 3/8		
스웨이	S	R	S
타이밍	S	Q	Q
C.B.M	1보 에서 사용		

선행과 후행은 리버스.턴이 많이 사용된다. 3보에 이어 4보에서 남성이 오른
발 전진하며 크로스 한 후 페더 엔딩 마무리 하기도 한다.

한명호의 댄스아카데미

아웃사이드 스위블(Outside Swivel)

피겨란 나름 독자적으로 고유한 형태를 이루면서 행해지는 것이다.

선행, 후행 이란 반드시, 필요한 것이고 선택적인 판단이 필요하다. 적합한 피겨를 찾는 것이다. 경우에 따라 필요한 부분만을 선택하기도 하고 전체적인 활용도 한다. 아웃사이드 스위블이란 말 그대로 바깥쪽에서 이루어지는 스위블이다. 피겨의 핵심적인 동작이 길지가 않으므로 부수적인 피겨들의 도움이 필요하다. 선행과 후행, 중간의 역할이 필요한 것이다. 그래야만 피겨의 돋보임이 나타난다. 피겨의 연결에 있어서 이러한 점이 강조되는 것은 당연하다. 얼마나 효율적으로 활용하는 가는 당신의 실력이다.

창의적인 연결이 자신 없는 경우는 일반적으로 통상적인 상례에 따르면 된다. 단지 "그것이 법이다!"라는 생각은 버려야 한다.

흔히들 모던, 라틴 등 댄스의 학습 과정에서 순서대로 익히기 위한 방편을 실전에서도 그대로 해야 하는 것으로 착각하는 경우가 많다. 순번이 길 경우 그것을 다 외울 것인가? 그렇게 배워야 한다면 그만 두어라! 양쪽 다 문제가 심각한 것이다. 현재도 그런 구태의연한 방법으로 하는 것이 아직도 많다. 부분적으로 동의는 한다. 그러나 그것이 원칙이 되어서는 안된다. 고기를 잡아주는 것이 아니라 잡는 방법을 가르치는 것이 진정한 학습이다. 그렇다면 무슨 뾰족한 수가 있는가? 당연히 있다. 얼마든지 할 수가 있다. 연구하는 자세가 필요하다. 배우는 분 입장 에서는 기본적인 사항을 숙지하면서 이것저것 하느라 정신이 없겠지만, 강사들의 자질이 문제인 것이다. 좀더 발전적인 자세가 필요하다. 자신만이 옳다는 개구리 사고방식은 없어져야 한다. 그것도 일종의 적폐다. 고기 잡는 방법즉 피겨의 연결 공식을 가르쳐야 한다. 무조건 손이나 잡고 끌고가는 무지한 방식이 아닌 이론적으로도 설명하면서 좀 더 과학적인 방법으로 말이다. 질적인 향상을 추구하면서----------

아웃사이드 스위블(Outside Swivel)

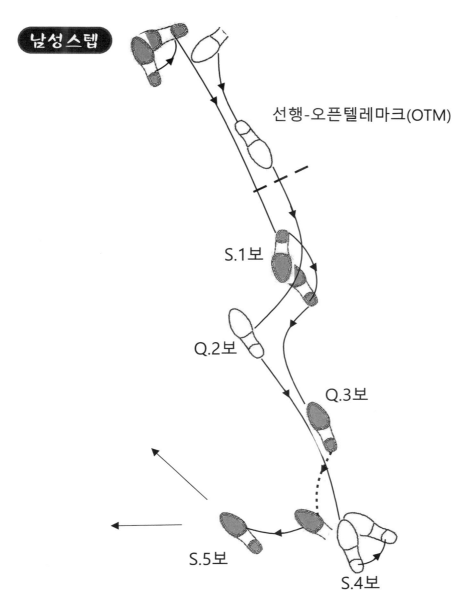

남성스텝

선행-오픈텔레마크(OTM)

S.1보

Q.2보

Q.3보

S.5보

S.4보

OTM이후 연결은 내츄럴 오픈. 프롬나드 턴을 사용한다.

한명호의 댄스아카데미

아웃사이드 스위블(Outside Swivel)

여성스텝

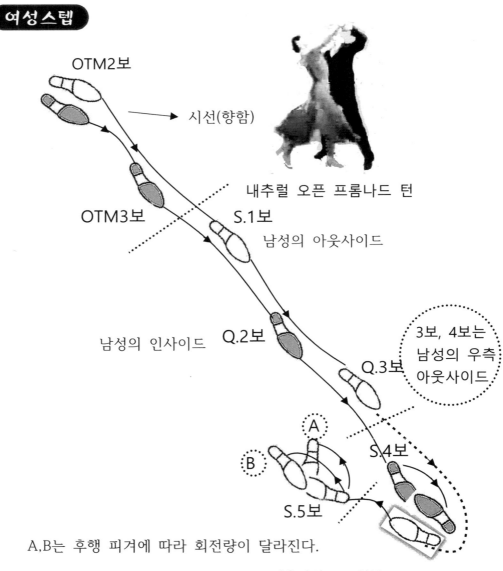

OTM2보

→ 시선(향함)

내추럴 오픈 프롬나드 턴

OTM3보

S.1보

남성의 아웃사이드

남성의 인사이드

Q.2보

Q.3보

3보, 4보는
남성의 우측
아웃사이드

Ⓐ

Ⓑ

S.4보

S.5보

A,B는 후행 피겨에 따라 회전량이 달라진다.

아웃사이드 스위블(Outside Swivel)

아웃사이드 스위블(Outside Swivel)

중간 과정도 삽입 순서대로 --

S.1-1보

S.1-2보

Q.2-1보

Q.2-2보

Q.2-3보

Q.3-1보

Q.3-2보

S.4-1보

S.4-2보

S.4-3보

아웃사이드 스위블(Outside Swivel)-후행

내추럴 위브에 이어 페더 엔딩으로 연결한다. 타이밍을 직접---

내추럴 텔레마크(Natural Telemark)

내추럴은 우측 방향 움직임이다. 내츄럴 텔레마크는 내추럴.턴과 텔레마크의 혼합형인데 텔레마크란 스키의 고전적인 회전방식으로 그 우아함을 댄스에서 활용하는 것이다. 좌,우형이 있는데 리버스 계통의 피겨를 행할 때와, 내추럴 계통의 피겨를 행할 때와는 방향이 달라진다. ◉ 형태는 같고 위치가 달라진다. 대칭이라 생각하면 된다. ◉ 항상 변수란? 회전량, 후행 피겨에 유념,

이 경우는 1보 오른발 전진 후 우회전 1/4하고, 2보 왼발에서 옆으로 나란히 한 후 2보 왼발에 체중을 이동한 후, 왼발의 볼을 축으로 해 오른쪽으로 1/2회전 한다. 문제는 여기서 3보의 오른발을 왼발 옆에 모으며 체중을 이동하는 것이다. 크로스 상태로 행해진다. 6보는 왼발 "S"로 이어진다.

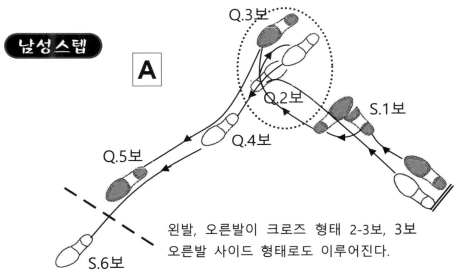

남성스텝 **A**

Q.3보
Q.2보
S.1보
Q.5보
Q.4보
S.6보

왼발, 오른발이 크로스 형태 2-3보, 3보
오른발 사이드 형태로도 이루어진다.

	1보	2보	3보	4보	5보	6보
발동작	H.T	T	T	T	T.H	H.T
회전량	1-2-R(1/4), 2-3-R(1/2)					
스웨이	S	R	S	L	S	S
타이밍	S	Q	Q	Q	Q	S
C.B.M	1보, 6보에 사용					

내추럴 텔레마크(Natural Telemark)

남성스텝 왼발, 오른발이 사이드, 오픈 형태 2-3보

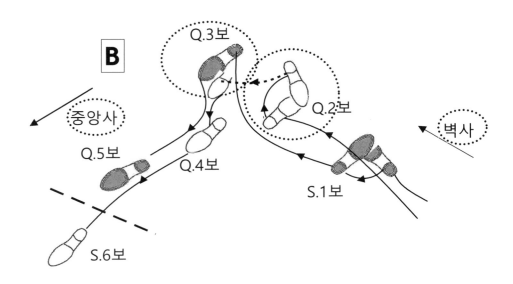

이 경우는 A의 형태와 같다. 다른 점은 1보 오른발 전진 후 우회전 1/4하고, 2보 왼발에서 옆으로 나란히 한 후 2보 왼발에 체중을 이동한 후, 왼발 토우를 축으로 해 오른쪽으로 3/8회전 한다. 문제는 여기서 3보의 오른발을 왼발 옆으로 사이드, 체중을 이동하는 것이다. 크로즈 상태로 행해진다. 향하는 방향은 벽사로 시작해서 중앙사를 향하는 것으로 엔딩.

Q.5보   Q.4보   Q.3보   Q.2보   S.1보

내추럴 텔레마크(Natural Telemark)

여성스텝

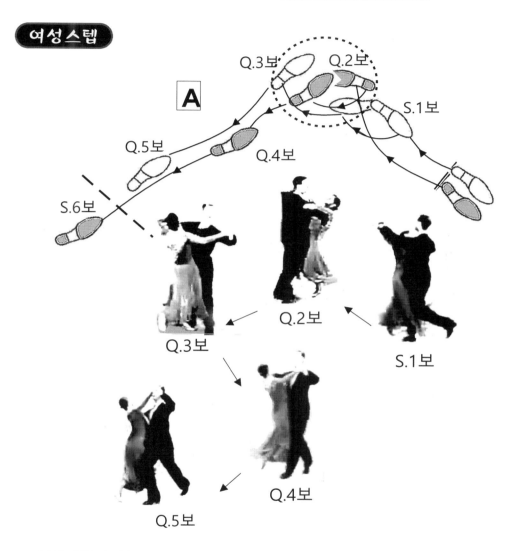

	1보	2보	3보	4보	5보	6보
발동작	T.H	H.T	T	T	T.H	T.H
회전량			1-2-R(3/8), 2-3-R(3/8)			
스웨이	S	L	S	R	S	S
타이밍	S	Q	Q	Q	Q	S
C.B.M			1보, 6보에 사용			

한명호의 댄스아카데미

내추럴 텔레마크(Natural Telemark)

2보와 3보 사이를 약간 벌리는 사이드 형태를 취하는 것이다. 보통 사이드 하면 "나란히"라는 개념이나 실질적으로는 어느 한 발이 약간 앞뒤로 자리해 다음 동작으로 연결이 된다.

여성스텝

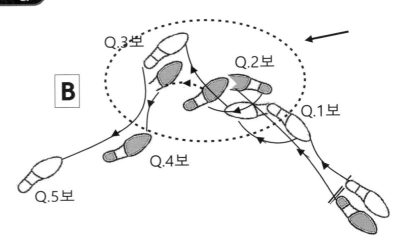

1보와 2보 사이에 오른쪽으로 회전량이 3/8이다. 예전에는 1보에서 1/8 회전을 하고 2보에서 1/4회전을 하여 전체적으로 회전량은 3/8 마찬가지 이나, 보통 1보에서 3/8 회전량을 완전히 이루는 것을 즐겨 사용한다. 이는 신속함과 아울러 이중과세를 없애는 효과도 있다. 깨끗함이다. 군더더기 없는 상쾌함이다. 1보 왼발의 회전이 진행되는 동안 2보의 오른발은 왼발 옆에 나란히 하여 동작을 준비한다. 준비가 완료되면 곧바로 오른발 2보에서 토우 턴을 하여 후행의 방향 기준을 잡는다. 여기서 정해지는 회전량에 따라 후행의 판도가 달라진다. 매우 중요한 선택이 된다. 회전량이 정해 진다는 것이다.

겉으로 드러나지는 않지만, 피겨 전체를 좌우하는 중간 역할이다.

왼발의 힐턴에 이은 오른발 토우 턴은 피벗과 같다. 포인트 회전이다.

내추럴 호버 텔레마크

남성스텝

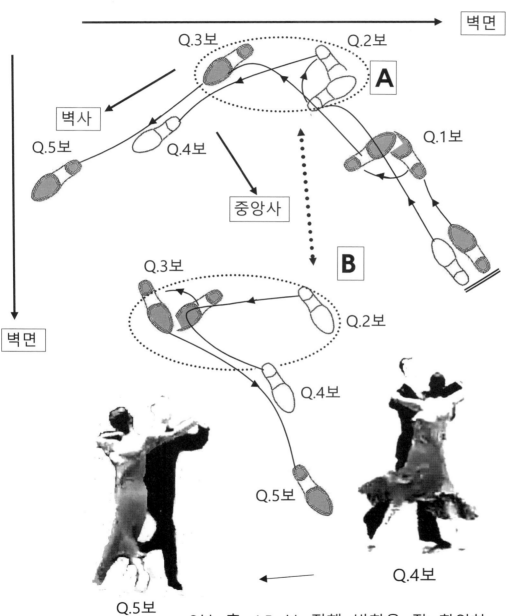

벽면

Q.3보　　　　　　Q.2보

A

벽사

Q.5보

Q.4보

Q.1보

중앙사

B

Q.3보

Q.2보

Q.4보

벽면

Q.5보

Q.4보

Q.5보

3보 후 4,5 보 진행 방향을 잘 확인하자.

한명호의 댄스아카데미

내추럴 텔레 마크 응용-2

텔레 마크도 다양하다. 명칭이 다양한가? 갖다 붙이면 달라진다. 다양성이 나타난다. 텔레마크에 호버, 그리고 내츄럴이 가세한 것이다. 연결의 공식을 여기서 하나씩 알아야 한다. 입에 씹어서 넣어주기를 기다리지를 말자, 답이 나온다. 2보는 토우 턴을 행한 후 힐턴이 이어진다.

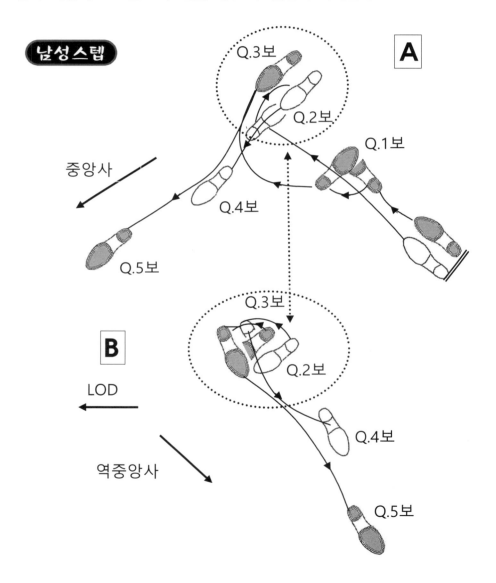

내추럴 호버 텔레마크

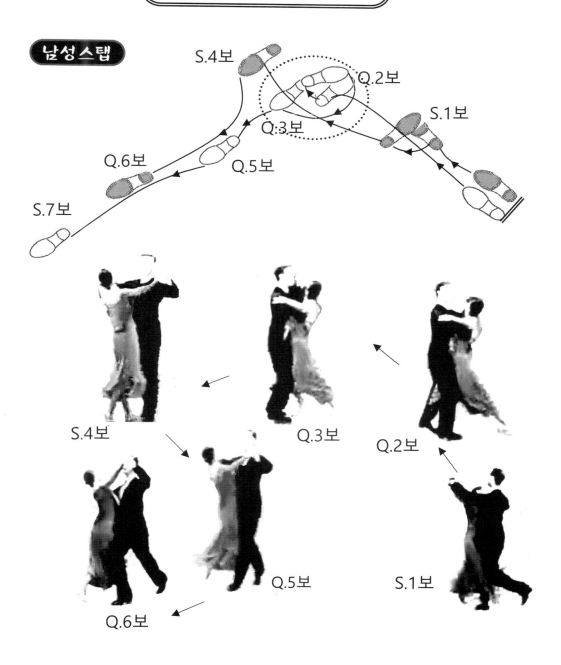

남성스탭

S.4보

Q.2보

Q.3보

S.1보

Q.6보

Q.5보

S.7보

S.4보

Q.3보

Q.2보

Q.6보

Q.5보

S.1보

내추럴 호버 텔레마크

여성스텝

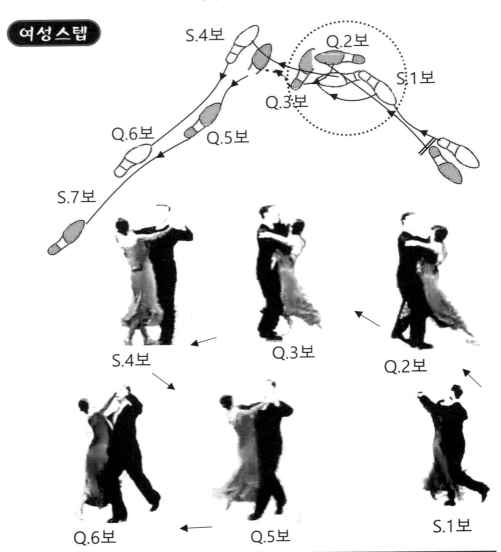

	1보	2보	3보	4보	5보	6보	7보
발동작	T.H	H.T	T	설명참조	T.H	T.H	T
회전량			1-2보(3/8), 2-3보(3/8)				
스웨이	S	L	R	R	R	S	S
타이밍	S	Q	Q	S	Q	Q	S
C.B.M			1,7보에서 행해진다.				

4보 후트워크-왼발 T에서 오른발 T의 IE로 이동(중심 이동이다.)

내추럴 지그재그(Natural Zigzag)

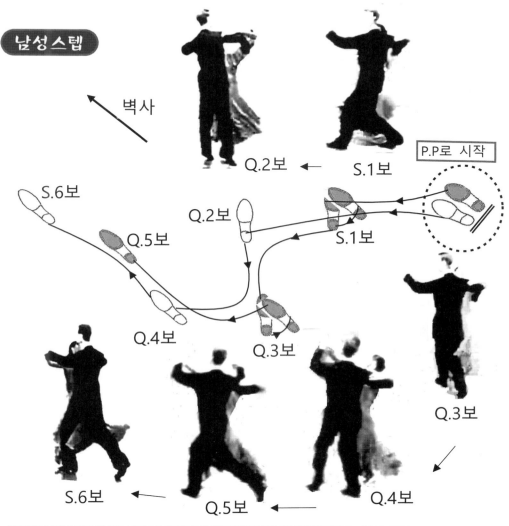

남성스텝

벽사

Q.2보 ← S.1보

P.P로 시작

S.6보

Q.2보

Q.5보

S.1보

Q.4보

Q.3보

Q.3보

S.6보 ← Q.5보 ← Q.4보

	1보	2보	3보	4보	5보	6보
발동작	H.T	T	T	T	T.H	H.T
회전량	1-2-R(1/8), 3-4-L(1/8)					
스웨이	S	S	S	R	R	S
타이밍	S	Q	Q	Q	Q	S
C.B.M	1보, 3보, 6보에 사용					

내추럴 지그재그(Natural Zigzag)

여성스텝

	1보	2보	3보	4보	5보	6보
발동작	H.T	T	T	T.H	T.H	T.H
회전량	3-4-R(1/8), 4-5-L(1/8)					
스웨이	S	S	S	L	L	S
타이밍	S	Q	Q	Q	Q	S
C.B.M	1보, 3보, 6보에 사용					

내추럴 트위스트 턴(Natural Twist Turn)

남성스텝

&.3보

S.5보

Q.7보

S.8보

Q.4보

Q.6보

Q.2보

S.1보

2보와 3보를 디딘 자리에서 4-5 보까지 행한다. 트위스트 동작이므로 탱고와 별반 다를 것이 없다. 방법은 같아도 이루어지는 형상이 다르다. 4-5보 형상이 호버 페더의 1보와 2보를 행한 후의 형상과 같다. 다만 양발의 간격이 약간 차이가 있을 뿐이다. 6-8보 까지는 호버 페더를 그대로 옮기면 된다. 같은 동작 이라는 설명이다.

회전량에 있어서 1보에 3/8회전이라는 점을 상기하자. 이유는? 보통 일반적으로 1/4회전을 많이 하는데 왜? 생각하는 것도 댄스의 진일보에 흥미로운 일일 것이다. 5보 후트워크: 오른발 바닥에 밀착하면서 T의 IE, 왼발 H의 IE 사용-지나친 회전 조심

	1보	2보	3보	4보	5보	6보	7보
발동작	H.T	T	T	설명참조		T	T.H
회전량	1-2보(1/2), 2-4보(1/8), 4-5-(1/4)						
스웨이	S	R	R	S	L	L	S
타이밍	S	Q	&	Q	S	Q	Q
C.B.M	1,4,8보에서 행해진다.						

내추럴 트위스트 턴(Natural Twist Turn)
S,Q,&,Q,S,Q,Q

두 발이 크로스 된, 엇갈린 채 꼬인 상태에서 체중을 이동하면서 중심을 잡고 발의 앞 부분, 뒷부분, 전체를 이용하여 피겨를 행한다. 주의할 점은 자세가 흐트러지지 않도록 해야 한다.-크로스 상태로 이어진다.

3, 4에서 타이밍은 &, Q, S 실질적인 발의 움직임 즉 체중이 실리는 발은 오른발-&, 왼발-Q, 오른발-S 로 이동이 된다. 제자리에서 회전하는 기분일 것이다.

내추럴 트위스트 턴(Natural Twist Turn)

LOD

여성스텝

S.8보   Q.7보   S.5보

Q.6보

Q.4보

&.3보

Q.2보

S.1보

1-2 보에서 왼발 후진, 힐턴 1/2이다. 강한 회전이 요구된다.-4보는 Q&Q 이다. 1보에서 1/2회전을 한 후 2보 오른발 왼발에 모으면서 곧바로 움직여야 함이 중요하다.

💥1보에서 회전하는 동안 준비 Q&Q이므로 완급조절 유의. 💥신속함이 필요하다. 무릎을 약간 늦춘 상태에서 이어진다.

💥5보에서는 왼발의 T사용, 4보 오른발 T의 IE를 활용한다. 6,7,8 보는 호버 페더를 이어가는 피겨다. 그대로 같이하면 된다. 시작 방향은 L.O.D를 등뒤로 하고 시작. 방향설정은 당신 마음대로.

	1보	2보	3보	4보	5보	6보	7보
발동작	T.H	H.T	T	T	설명참조	T.H	T.H
회전량	1-2보(1/2), 2-4보(1/8), 4-5-(1/4)						
스웨이	S	L	L	S	R	R	S
타이밍	S	Q	&	Q	S	Q	Q
C.B.M	1,4, 8 보에서 행해진다.						

한명호의 댄스아카데미

호버 텔레마크 (Hover Telemark)

발이 회전하면 몸도 자연 따라서 회전하기 마련이다. 발의 회전량과 동일한 경우가 당연한 것 이지만, 적게 나타나는 경우도 많다. 여기서도 그 경우가 나타난다. 발의 회전량보다 몸을 적게 회전한다. 이유는?

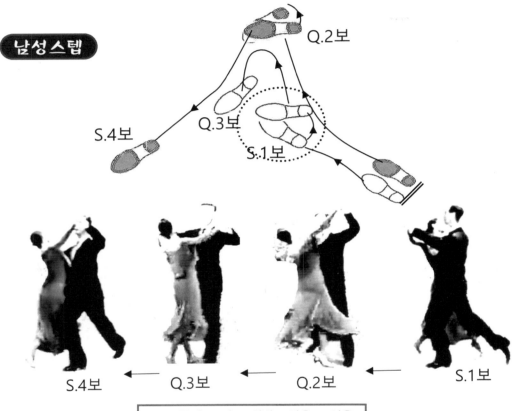

남성스텝

Q.2보

S.4보

Q.3보

S.1보

S.4보 ← Q.3보 ← Q.2보 ← S.1보

2보 오른발 그리고 왼발 T사용-IE이용

	1보	2보	3보	4보	왼, 오, 왼, 오
발동작	H.T	T-	T.H	H.T	전진, 사이드,전진
회전량	1-2보-1/4-8,		2-3보-1/8		2-3-몸은 적게 회전
스웨이	S	L	S	S	쇼울더 리드사용
타이밍	S	Q	Q	S	2스텝 사용가
C.B.M	1,4 보에서 행해진다. (실전)				탄력을 활용

호버 텔레 마크 (Hover Telemark)

여성스텝

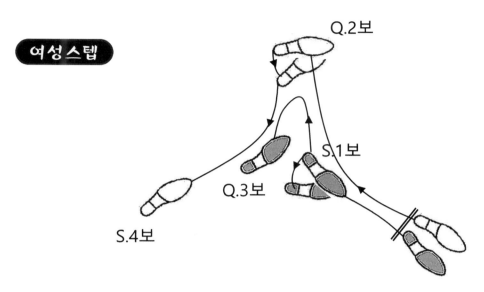

Q.2보

S.1보

Q.3보

S.4보

4보에서 P.P로 진행 하는 경우도 많다. 간혹 "체인지 오브 디렉션"과 혼동하는 경우, 그것과는 확연히 다르다. 형태는 비슷한 것 같으나 잘 살펴보아야 할 것이다. 자동차 운전으로 비교한다면 커브를 돌 때 코너에서 코너링을 하는 것이다. 코너의 막다름을 생각하고 미리 브레이크를 작동하고 밀리면서 핸들을 조작하여 커브를 벗어나는 장면을 연상하면 된다.

일단 숨을 고르는 형국으로 P.P로 자세를 취해 진행을 이어가는 경우가 많으므로 그에 대한 참조도 필요하다.

	1보	2보	3보	4보	오, 왼, 오, 왼
발동작	T.H	T-IE	T.H	T.H	후진,사이드,후진
회전량	1-2보-1/4-8,		2-3보-1/8		2-3-몸은 적게 회전
스웨이	S	R	S	S	쇼울더 리드사용
타이밍	S	Q	Q	S	2스텝 사용가
C.B.M	1,4 보에서 행해진다. (실전)				탄력을 활용

한명호의 댄스아카데미

호버 페더(Hover Feather)

남성스텝

호버 페더는 호버(Hover)와 페더(Feather)의 복합형이다.
호버(Hover)란? 헬기가 비행하듯 맴돌면서 행하는 형태다.
갑작스런 상승, 하강 없이 은은한 움직임을 보이면 된다.

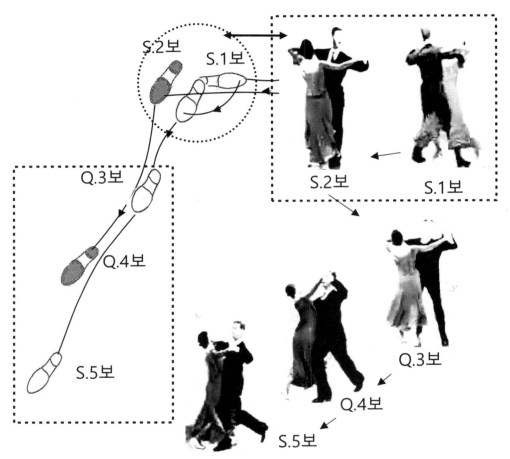

S.2보 S.1보

Q.3보

Q.4보

S.5보

S.2보 S.1보

Q.3보

Q.4보

S.5보

	1보	2보	3보	4보	5보	왼, 오, 왼, 오, 왼
발동작	힐풀참조		T	T.H	H.T	전진
회전량			Nill(없음)			
스웨이			L	S	S	쇼울더 리드사용
타이밍	S	S	Q	Q	S	2 스텝 사용가
C.B.M	5보에서 행해진다. (실전)				탄력을 활용	

댄스스포츠-❶

여성스텝

호버 페더(Hover Feather)

호버 페더는 헬기가 이륙 시 약간 뒤로 움직이다 돌면서 방향을 찾아나가는 형상을 생각하면 된다. 내추럴 턴의 후반부와 유사한 면이 많다. 일반적으로 내추럴 턴 1-3보 행하고 하는 경우도 많은데 페더로 이어지는 차이를 파트너가 확실히 알도록 해야 한다.

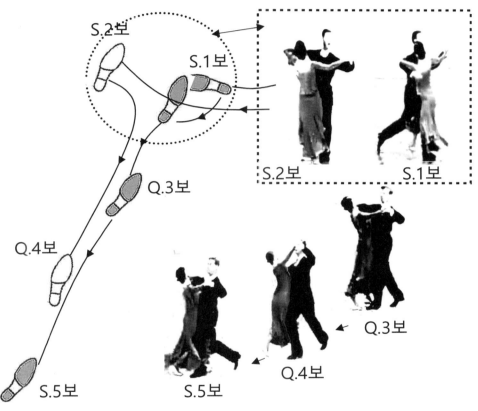

	1보	2보	3보	4보	5보	오, 왼, 오, 왼, 오
발동작			T.H	T.H	T	후진
회전량	힐풀참조		없음			
스웨이			R	S	S	쇼울더 리드사용
타이밍	S	S	Q	Q	S	2스텝 사용가
C.B.M	5보에서 행해진다. (실전)				탄력을 활용	

한명호의 댄스아카데미

호버 크로스(Hover Cross)

남성스텝

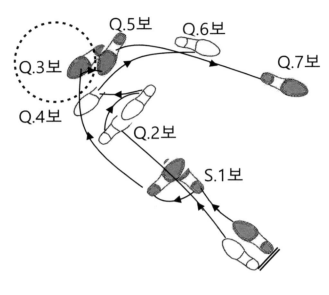

호버 크로스에서는 패턴을 둘로 나누면 된다. 1-3 보와 4-7의 두 과정이다. 전반부와 후반부로 생각하면 된다.

전반부는 1보 오른발에서 1/4 우 회전을 하고, 2보와 3보 사이 추가로 오른쪽으로 1/2회전을 더하는 것이다.

후행에서 4-7 보는 위브를 연상하면 된다. 5보에서 오른발은 3보의 오른발과 같은데 거의 제자리에서 발을 다시 들었다 놓았다 하는 식이다. 체중의 이동이 신속히 진행되는 과정이다. 거기에 방향전환이 이루어지므로 중심유지 또한 필수. 2-3 보에서 몸이 숙여지거나, 흔들려서는 안 된다. 4보는 체중이 살짝 터치만 하는 가벼움이다. 5보 역시 오른발에 체중이 얹혀 오른쪽과 왼쪽으로 방향전환을 이룬다. 8보는 후행으로 생략하였다.(왼발-S)

	1보	2보	3보	4보	5보	6보	7보
발동작	H.T	T	T	T	T	T	T.H
회전량	1-2보(1/4), 2-3보-(1/2), 5-6(1/4)						
스웨이	S	R	S	L	S	R	R
타이밍	S	Q	Q	Q	Q	Q	Q
C.B.M	1,5 보에서 행해진다.						

호버 크로스(Hover Cross)

여성스텝

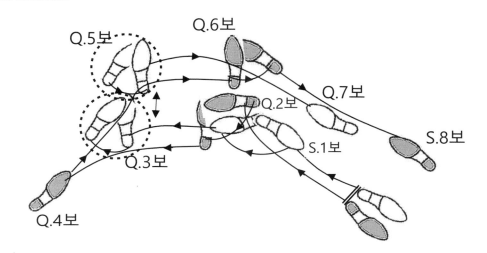

남성보다 여성의 회전이 다양하게 구사된다. 그만큼 여성의 역할이 중
요하다는 설명이요, 복잡하다. 무엇이든 알고 나면 간단하듯 여기서는
정확한 방향만 확실히 수행한다면 그리 어려울 것도 없다.

C.B.M.P와 C.B.M을 구별하는 것도 중요하다. 명사와 동사의 차이다.
댄스에 있어서 명사는 준비요, 형식이고, 동사는 직접 행함이다.

뜻 그대로다. 3보와 4보는 위치에 있어서 앞선 왼발의 라인 선상에
뒤에 직선으로 오른발이 위치한다. 이 위치선정 하나가 큰 역할을 한
다. 2-3보, 5-6 보의 위치 확인.

	1보	2보	3보	4보	5보	6보	7보
발동작	T.H	H.T	T	T	T	T.H	T.H
회전량	1-2보(3/8),2-3보-(1/4),3-4QH-(1/8), 5-6(1/8),6-7보-(1/8)						
스웨이	S	R	R	S	L	L	S
타이밍	S	Q	Q	Q	Q	Q	Q
C.B.M	1,5 보에서 행해진다.						

호버 크로스(Hover Cross)

Q.5보

O.6보

Q.7보

S.8보

Q.4보 ← Q.3보

Q.2보

S.1보

호버 크로스(Hover Cross) - 1

회전량이 다를 경우 어떻게 나타날까? 회전량이 적을 경우다.
(2보에서 좌우된다.)

남성스텝

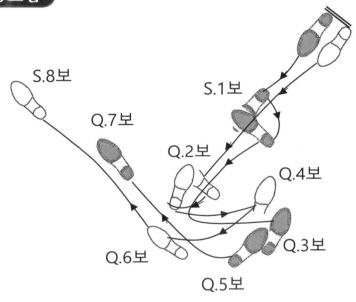

Q.4보 ← Q.3보 ← Q.2보 ← S.1보

호버 크로스(Hover Cross) - 1

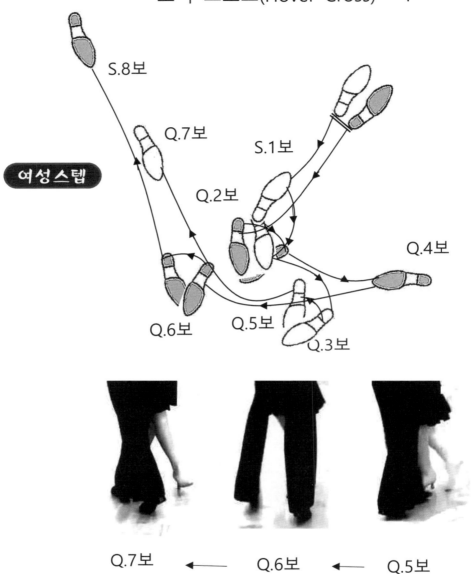

S.8보

Q.7보

S.1보

여성스텝

Q.2보

Q.4보

Q.6보   Q.5보

Q.3보

Q.7보 ← Q.6보 ← Q.5보

여성 경우도 마찬가지다.
회전량이 다를 경우 어떻게 나타날까?
회전량이 적을 경우다. (2보에서 좌우된다.)

탑 스핀(Top Spin)

남성스텝

선행 피겨는 여러 종류가 있으나 그 중 많이 사용되는 피겨는 리버스턴이 중용되고 있다. 시작은 오른발이나 이미 그전의 남성 왼발에서 약간의 회전으로 시작이 들어간다. 즉 C.B.M.P가 준비되어 들어간다.

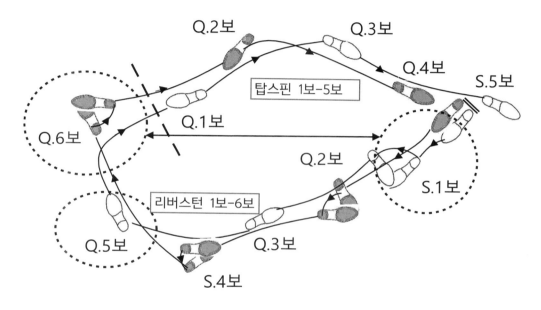

탑 스핀을 자연스럽게 이어가려면 선행으로 리버스 턴을 하는 것이 적당하다. 리버스 턴 6보 오른발을 매개체로 하여 이어간다.

탑 스핀의 1보는 왼발이 후진하는 것인데 직전에 리버스 턴 6보, 오른발을 왼쪽으로 1/8회전 하면서 탑 스핀의 1보로 이어간다.

	1보	2보	3보	4보	5보	왼, 오, 왼, 오, 왼
발동작	T	T	T	T.H	H.T	
회전량	1보 선행-L(1/8), 1-2L(1/8), 2-3-L(1/4)					
스웨이	S	S	R	R	S	쇼울더 리드사용
타이밍	Q	Q	Q	Q	S	
C.B.M	2, 5보에서 행해진다. (실전)				탄력을 활용	

한명호의 댄스아카데미
탑 스핀(Top Spin)

남성스텝

L.O.D를 정면으로 보면서 시작하는 경우를 시작 방향으로 했다. 등 뒤로 하고 시작해도 상관없다. 선정은 자유다.

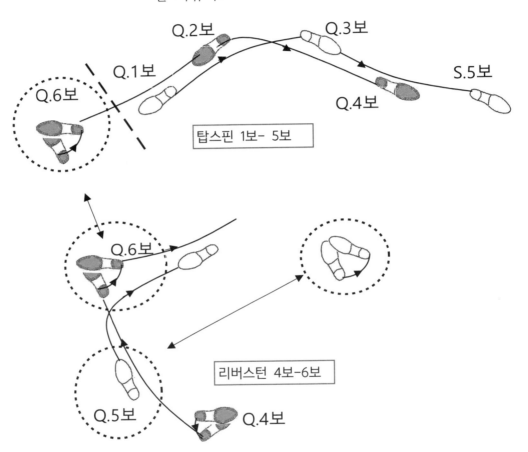

자동차가 전진하다 방향을 틀어 뒤로 후진할 경우를 생각하면 된다.

자동차가 가속이 있으므로 브레이크를 여러 번 밟는데 그 역할을 하는 것이 리버스 턴 5보 왼발이 하는 것이다.

보이지 않는 피겨의 연결이다. 일반적으로 직접적인 연결에 즈음하여 미리미리 준비해야 연결이 매끄러운 것이다.

선행 리버스 턴 5보에서 왼쪽으로 1/8회전을 준비하는 것도 좋다.

댄스스포츠-❶

탑 스핀(Top Spin)

여성스텝

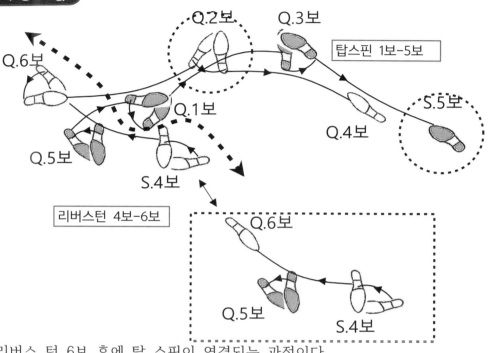

리버스 턴 6보 후에 탑 스핀이 연결되는 과정이다.

이러한 것이 피겨를 연결하는 공식이다. 리버스 턴 하면 "원서에 입각하여 무조건 7보까지 행하는 것이다."라고 알려주고, 배운다면 참으로 깝깝한 이야기다. 왜? 그런 이유 정도는 설명할 정도는 되어야 한다.

시작 시 설정되는 방향도 전천후로 설정할 정도는 되어야 한다. 한 곳에만 집착하지 말자. 그 방향, 그 자리에서 시작하기 곤란할 경우 어찌할 것인가? 현대 댄스는 다양성을 중요시한다. 가르치고, 배우는 것도 다양하게!

	1보	2보	3보	4보	5보	오, 왼, 오, 왼, 오
발동작	T	T	T.H	T.H	T.H	
회전량	1보 선행-L(1/8), 1-2L(1/8), 2-3-L(1/8), 3-4보-L(1/8)					
스웨이	S	S	L	L	S	쇼울더 리드사용
타이밍	Q	Q	Q	Q	S	2스텝 사용가
C.B.M	2, 5보에서 행해진다. (실전)					탄력을 활용

탑 스핀(Top Spin)

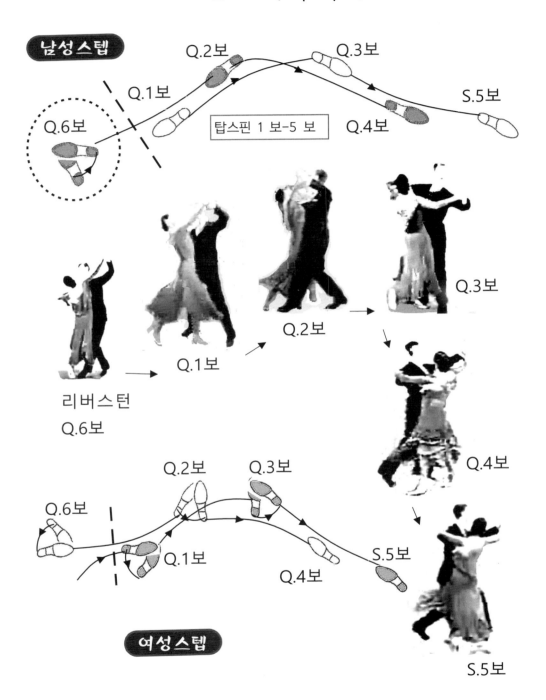

남성스텝

Q.2보

Q.3보

Q.1보

S.5보

Q.6보

탑스핀 1 보-5 보

Q.4보

Q.3보

Q.2보

Q.1보

리버스턴
Q.6보

Q.4보

Q.2보

Q.3보

Q.6보

Q.1보

Q.4보

S.5보

여성스텝

S.5보

휘스크(Whisk)-S Q Q

남성스텝

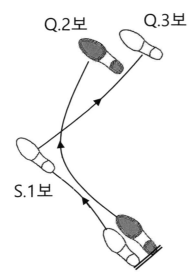

Q.2보 Q.3보

S.1보

여성스텝

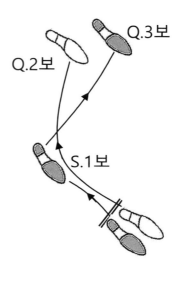

Q.3보

Q.2보

S.1보

S.1보

Q.2보

Q.3보

한명호의 댄스아카데미

내추럴 위브(Natural Weave)

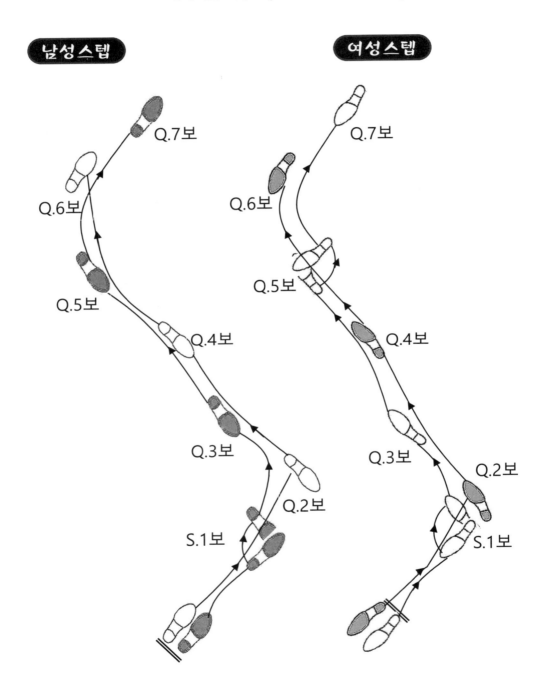

남성스텝

여성스텝

내추럴 위브(Natural Weave)

진행과정

Q.7보

Q.6보

Q.5보

Q.4보

Q.3보

Q.2보

S.1보

Q.7보

Q.6보

Q.5보

Q.4보

Q.3보

Q.2보

S.1보

한명호의 댄스아카데미

퀵-내추럴 위브(Natural Weave)

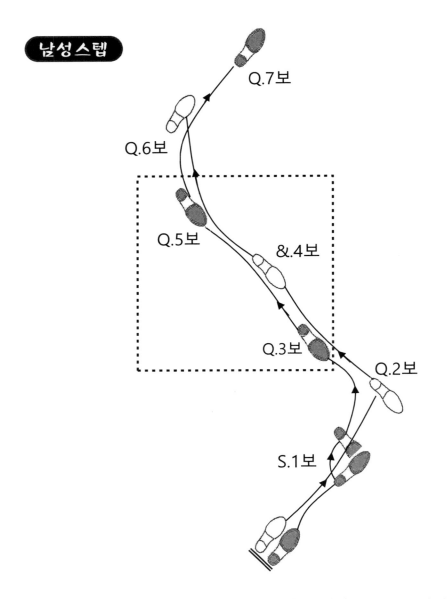

남성스텝

Q.7보

Q.6보

Q.5보

&.4보

Q.3보

Q.2보

S.1보

내추럴 계통의 같은 위브다. 다른 점이 있다면 3보-5보 사이의 움직임이
다. 퀵 이라는 이름에 걸맞게 Q,Q,Q 3보로 할 것을 Q,&,Q 스탭 자체는
똑같은 3보 이나 "Q"이 하나 줄어든다. 3 타임을 2 타임으로 줄여 행하
는 것이다.

퀵-내추럴 위브(Natural Weave)

여성스텝

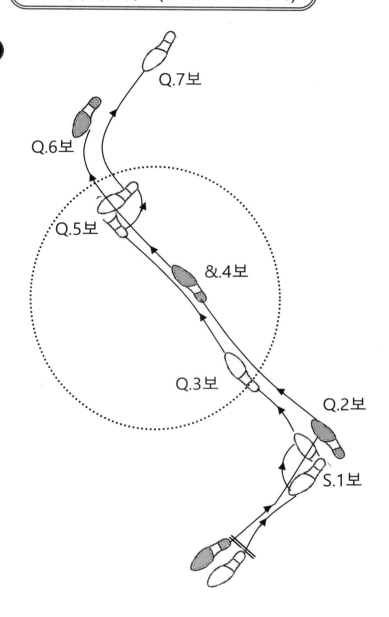

Q.7보

Q.6보

Q.5보

&.4보

Q.3보

Q.2보

S.1보

실행하는 요령은 남성과 마찬가지로 3-5 보를 조절하여 행한다.

내추럴 위브와 하는 요령은 동일 남성의 신속한 리드에 적응하는 요령을
숙지해야 한다.

한명호의 댄스아카데미

리버스 웨브(Natural Wave)

L.O.D를 향한 채 시작하는 경우로 족형도를 구성하였다. 전체가 약간 길어 지면상 표시하기 어려움이니 이해 부탁드립니다.

전반부는 리버스 턴의 앞부분으로 시작하여 백 페더를 연결한 구성이다. 후반부에서 7보 왼발의 힐턴과 8보 오른발의 후트워크에 유의.

남성스텝

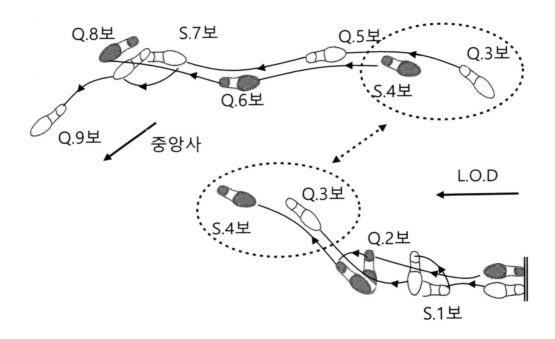

	1보	2보	3보	4보	5보	6보	7보	8보	9보
발동작	H.T	T	T.H	T.H	T	T.H	T.H	힐턴	H.T
회전량	1-2보(1/4), 2-3보(1/8), 4-6보(1/8), 7-8보(3/8)								
스웨이	S	L	L	S	R	R	S	L	S
타이밍	S	Q	Q	S	Q	Q	S	S	S
C.B.M	1,4,7,9 보에서 행해진다.								

리버스 웨브(Natural Wave)

L.O.D를 향한 채 시작하는 경우로 족형도를 구성하였다. 남성이 전반부 사이드 형태일 때 여성은 힐턴을 하고 남성이 힐턴을 할 때 사이드 워크를 행한다. 남성과 여성의 역할이 바뀌는 것이다.

후반부에서 7보 오른발 볼. 턴과, 8보 왼발의 훗트워크에 유의.

여성스텝

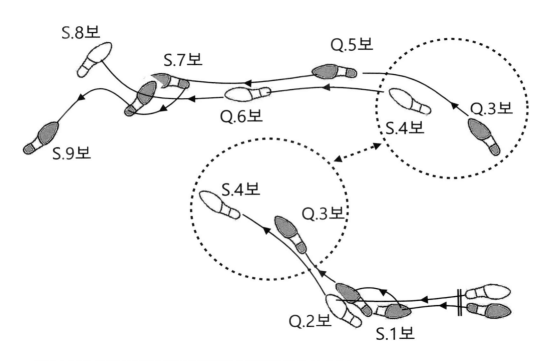

	1보	2보	3보	4보	5보	6보	7보	8보	9보
발동작	T.H	H.T	T.H	H.T	H.T	T.H	H.T	T.HIE	T.H
회전량			1-2보(3/8),		4-6보(1/8),		7-8보(3/8)		
스웨이	S	R	R	S	L	L	S	R	S
타이밍	S	Q	Q	S	Q	Q	S	S	S
C.B.M				1,4,7,9 보에서		행해진다.			

한명호의 댄스아카데미

바운스 폴 어웨이(Bounce Fallaway)

남성스텝

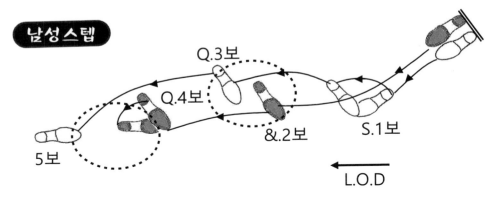

Q.3보
Q.4보
&.2보
S.1보
5보
L.O.D

다른 방향에서 시작하는 경우를 설정하여 다각 도로 살펴보자.

댄스란 방향선 L.O.D를 기준, 진행된다. **시계 반대방향으로 진행이다.**

부득이 새로운 진행선을 설정하게 되는 경우가 생긴다. 이 역시 새로운 기준을 정점으로 시계 반대 방향으로 진행한다.

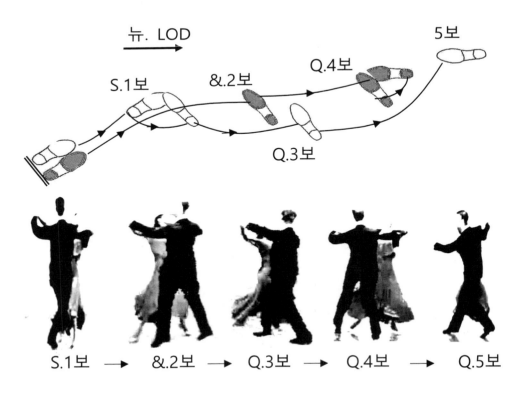

뉴. LOD
5보
S.1보
&.2보
Q.4보
Q.3보

S.1보 → &.2보 → Q.3보 → Q.4보 → Q.5보

바운스 폴 어웨이(Bounce Fallaway)

여성스텝

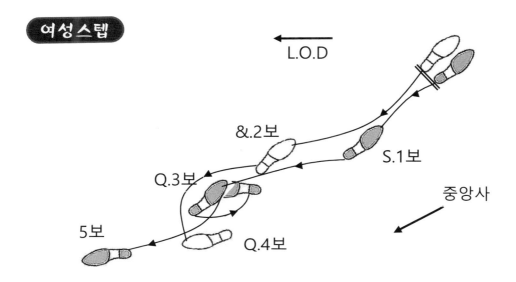

L.O.D

&.2보

Q.3보

5보

S.1보

중앙사

Q.4보

이 피겨는 C.B.M.P가 2보와 4보에 적용이 되므로 약한 플렉싱(뒤쪽 무릎이 앞쪽 무릎 안쪽에 위치) 상태가 있어야 한다. 보폭이 줄어듦은 당연하다.

여성은 3-4 보 사이 회전을 하고, 남성은 4-5보 사이 회전을 한다. 간혹 같은 타이밍에 회전하는 것으로 착각하는 경우가 많다.

이 피겨를 행한 후, 보통 베이식 위브 4-7 보 연결, 후행을 많이 사용한다.

	1보	2보	3보	4보	5보	오, 왼, 오, 왼, 오
발동작	T.H.T	T	T	T	T	
회전량			3-4-(3/8)			왼쪽으로 계속회전
스웨이	S	S	S	S	S	
타이밍	S	&	Q	Q	Q	1보만 2스텝 사용가
C.B.M			C.B.M-1 보에 사용,			

한명호의 댄스아카데미

슬립 피벗(리버스 피벗)-활용하기

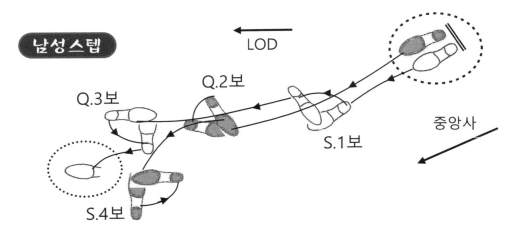

남성스텝

LOD

Q.3보　Q.2보　S.1보　중앙사

S.4보

시작하는 방향의 차이다. 방향선의 설정에 따른 변화다.

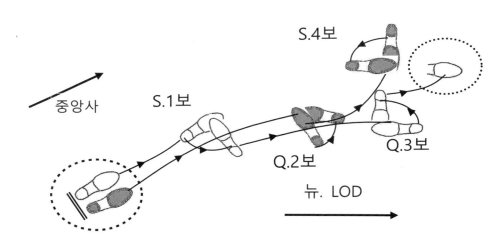

S.4보

중앙사　S.1보

Q.3보

Q.2보

뉴. LOD

	1보	2보	3보	4보	왼, 오, 왼, 오		
발동작	H.T	T	T.H	T.H.T	4보 다음 왼발은 들린 상태,탭		
회전량	1-2-(1/4), 2=3-(1/8), 3-4-(1/4,1/8)				4는 피벗		
스웨이	NIL(없음)						
타이밍	S	Q	Q	S	SQQ&, SQ&Q, S&QQ, QQQQ		
C.B.M	C.B.M-1,4 보에 사용,						

슬립 피벗(리버스 피벗)-활용하기

여성스텝

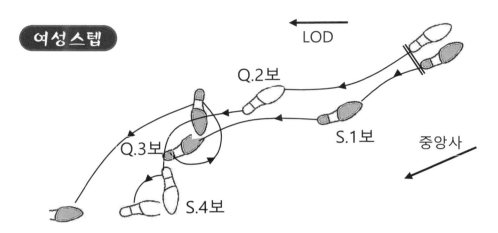

시작하는 방향의 차이다. 방향선의 설정에 따른 변화다.

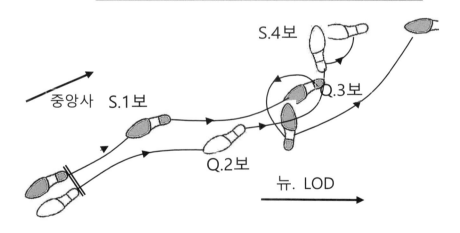

	1보	2보	3보	4보	왼,오,왼,오		
발동작	T.H	T	T	T.H	4보 다음 오른발은 들린 상태,탭		
회전량	3-(5/8),4-(1/4, 1/8)				3,4는 피벗		
스웨이	NIL(없음)						
타이밍	S	Q	Q	S	SQQ&, SQ&Q, S&QQ, QQQQ		
C.B.M	C.B.M-3,4보에 사용,						

슬립피벗(리버스 피벗)-살펴보기

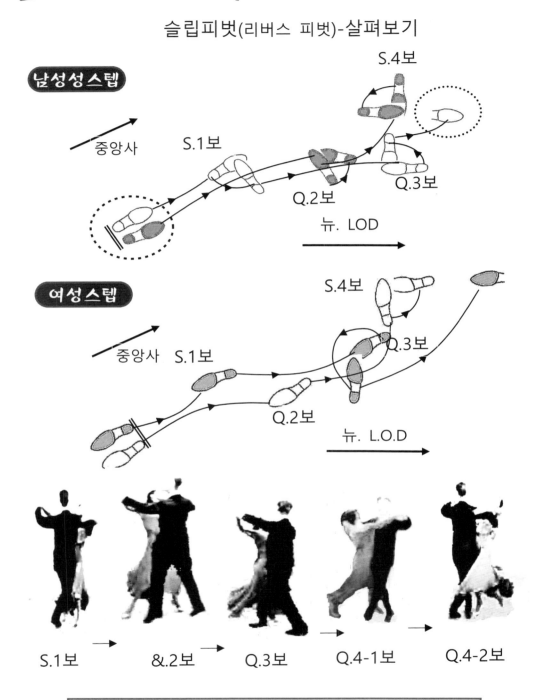

남성스텝

S.4보

중앙사

S.1보

Q.2보

Q.3보

뉴. LOD

여성스텝

중앙사 S.1보

S.4보

Q.3보

Q.2보

뉴. L.O.D

S.1보 → &.2보 → Q.3보 → Q.4-1보 → Q.4-2보

타이밍의 변화는 다양하다. 여러 가지로 변화하여 즐겨보시기를---

힐 풀 스리스탭(Heel Full Three Step)

남성이 후진할 때 여성은 전진한다. 남성이 전진할 때, 여성은 후진하고 상대적이다. 주의할 점은 1보에서 남성 오른발의 중요성이다. 힐을 사용하여 왼쪽으로 회전하면서 여성을 리드.

1보에서 남성이 힐턴을 할 때 여성은 사이드 스텝 한다.

남성은 힐턴을 하면서 스웨이, 쇼울더 리드 등 복합적인 요소가 사용된다. 뒤꿈치 중심 유지하면서 회전, 한 발은 들어진 채로 원심력을 이용하면서, 회전하면서 착지 하듯 가볍게 모은다.

남성스텝

Q.4보

Q.3보

&.2보

S.1보

Q.4보

Q.3보

&.2보

S.1보

한명호의 댄스아카데미

힐 풀 스리스탭(Heel Full Three Step)

남성이 1보와 2보에서 힐 풀 동작을 할 때 여성은 왼쪽으로 회전하며 오른발을 옆으로 하여 연결 동작을 이어가도록 한다.
남성과 여성의 차이는 여기에서 나타난다. 1보와 2보다.

여성스텝

회전이란? 연속으로 할 때, 한 번으로 끝내는 경우로 구별. 연이어 할 때는 흐름이 표시가 안 나고 끊어짐이 없어야 한다. 부드러움이다. 한 번의 끝냄은 강열함, 1보, 2보의 연결 회전이다.

Q.4보

Q.3보

&.2보

S.1보

Q.4보

Q.3보

&.2보

S.1보

텀블턴(Tumble Turn)

남성스텝

이 피겨는 텀블 이라는 단어가 상징하는 의미 그대로다. 워낙 다양한 뜻이
많아 적절한 의미를 부여하는 것은 각자의 몫이다. 댄스에서의 텀블 이란?
일단 탄력을 받아야 한다. 그래서 중간에 &라는 타이밍이 삽입된다.
뒹굴다시피 갑작스레 피하는 듯한 동작이 연상된다.
실질적인 동작은 3-5보 사이 이루어지나, 조연의 역할이 중요하다.
선행은 당연히 중요하지만, 여기서는 매우 중요하다.

여러 종류가 가능하나 여기서는 폴
어웨이 3-4보로 해보았다.

선행피겨

Q.1보

Q.1보

Q.2보

Q.2보

Q.3보

Q.3보

Q.5보

Q.4보

&.4보

6보

5보는 회전량에 따라 후행
피겨가 변화가 생긴다. 6보는
핸드 상태.

Q.5보

Q.5보

한명호의 댄스아카데미

텀블턴(Tumble Turn)-Q,Q,Q,&,Q

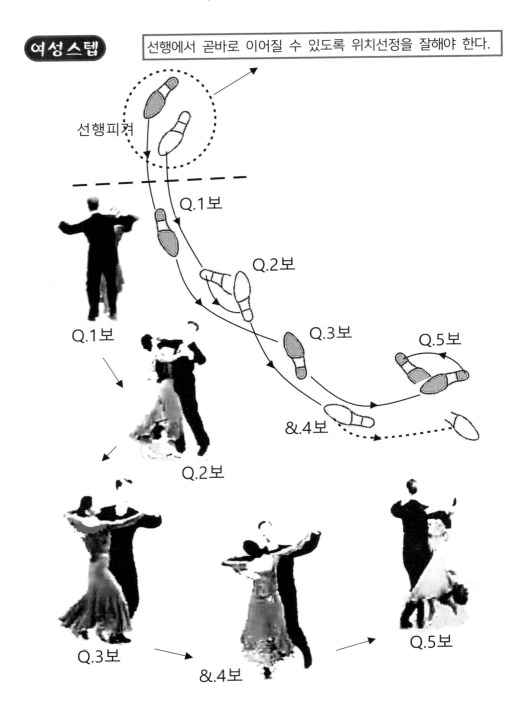

여성스텝

선행에서 곧바로 이어질 수 있도록 위치선정을 잘해야 한다.

선행피켜

Q.1보

Q.2보

Q.3보

Q.5보

&.4보

Q.1보

Q.2보

Q.3보

&.4보

Q.5보

텀블 턴(Tumble Turn)-참고 사항

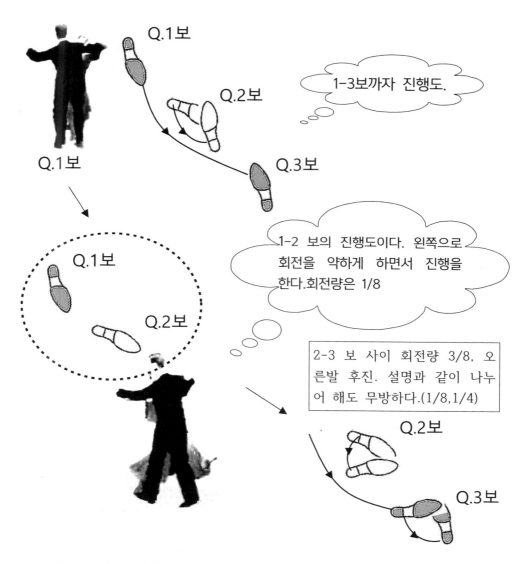

Q.1보

Q.2보

1-3보까자 진행도.

Q.1보

Q.3보

Q.1보

1-2 보의 진행도이다. 왼쪽으로 회전을 약하게 하면서 진행을 한다.회전량은 1/8

Q.2보

2-3 보 사이 회전량 3/8, 오른발 후진. 설명과 같이 나누어 해도 무방하다.(1/8,1/4)

Q.2보

Q.3보

2보에서 여성은 남성이 우측 편에 위치하게 된다. 이때 남성은 3보에서 여성이 전진하도록 길을 비켜준다. 남성이 2보 오른발 하면서 좌측으로 3/8회전을 한다. 그 공간을 여성은 전진, 남성은 계속 우회전을 진행하면서 C.B.M을 구사한다.

텀블 턴(Tumble Turn)-참고 사항

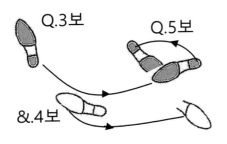

어찌 보면 원을 이루며 회전을 하는 형상이다. 맞습니다. 그러나 실질적인 회전량을 살펴보면 3보와 5보의 향하는 곳을 보면 정확하게 알 수 있습니다.

3보와 5보의 향하는 곳은 서로 마주본다. 회전량이 1/2 이라는 설명이다. 4보는 중간에서 기준점 역할을 한다. 4보와 5보를 동시에 회전하는 기분으로 임하라. 전에는 실전에서 그리한 경우도 많았다.

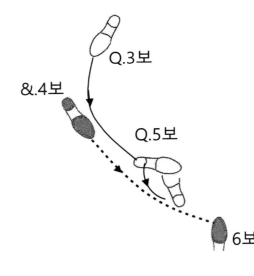

커브를 그리며 점잖게 춘다는 표현이 어색할지 몰라도 크게 자세를 낮추거나 할 필요 없다.
5보는 Q이지만 S와 같은 역할을 한다. C.B.M이 동반되므로 다이나믹 영상이 나온다.

텀블턴은 마니아들도 그리 많이 접하지 않는 피겨에 속한다. 매우 유용하면서도 까다롭기 때문이다. 간단한 것 같으면서도 속을 썩이는 경우가 많다. 그것은 정확한 원리와 회전이라는 용어가 풍기는 압박감 때문이다. 실제 회전량은 1/2인데 어디서 시작을 하고 어떻게 응용하는 가 문제다. 보기는 참 좋은데, 간단한 것 같은데 하면서 말이다.

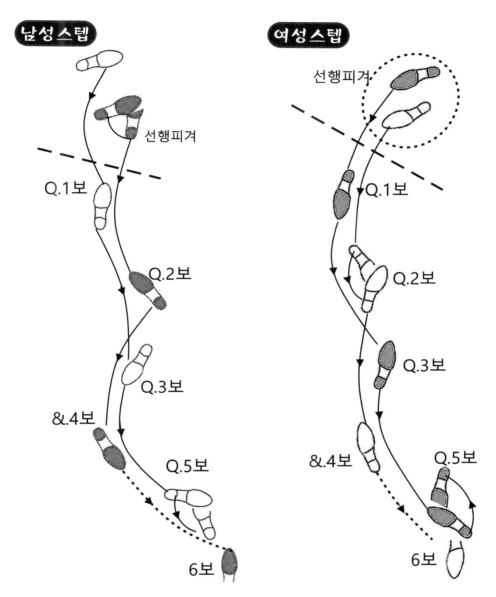

남성스텝

선행피겨

Q.1보

Q.2보

Q.3보

&.4보

Q.5보

6보

여성스텝

선행피겨

Q.1보

Q.2보

Q.3보

&.4보

Q.5보

6보

앞선 피겨와는 4, 5, 6보에서 차이가 난다. 회전하는 방식이 다른 것이다. 같은 것 같아도 차이가 난다. 또 다른 방식은 4보와 5보를 동시에 트위스트 식으로 동시에 회전하는 것처럼 하는데, 체중의 이동은 순서에 입각한 것이다.

한명호의 댄스아카데미

제 3 장

상급자를 위한 고난도 바리에이션

테크닉 블루스

한명호의 댄스아카데미

이제는 초보적인 마구잡이 식의 블루스에서 벗어나 한 단계 업된 차원이 향상된 고급 수준의 블루스를 구사할 시기가 아닌가 생각합니다. 많은 피겨 들이 산적해 있는데도 불구하고 일부 고지식한 안방 스타일의 댄스로 인해 오류와 짝퉁 식으로 누적된 병폐가 한국 댄스의 수준을 향상시키기보다는 제자리 걸음을, 오히려 퇴보를 조장하는 지경에 다다른 것 같습니다.

댄스스포츠를 즐기는 마니아들도 일반적인 수준의 블루스도 제대로 활용 못 하는 경우도 많은데 댄스도 리듬마다 고유한 춤사위들이 많습니다. 블루스 또한 실질적으로 가장 많이 추면서도 메뉴의 부족으로 인해 허덕이고 있습니다. 많은 메뉴들이 있지만 따로 책으로 엮어 다시 선보이기로 하고 여기서는 일부 업 그레이된 상급의 피겨들을 일부 소개합니다. 스웨이나, C.B.M, 후트 워크---등은 트롯트에 상세히 설명되어 있으므로 참조하시기를 바랍니다. 원리는 전부 다 동일 합니다. 문제는 얼마나 숙달하고 즐기는가가? 가 답이라고 생각합니다.

무조건 나중에 모아 지는 발이 다시 전진하거나, 후진해야만 되는 것으로 아는 사고방식.

❶ 묻고 싶다. 옆으로 걸을 때는 왜 나중에 모아지는 발이 안 나가고 순서대로 나가는가?

블루스에서 좌우 샤세 할 경우. 왜? 왼발, 오른발 차례대로 나가는가?

❷ 걸을 때 발을 모으고 나중에 모아진 발이 또다시 나가는가?

왼발 오른발 차례대로 걷는 것이 정상이다.

정지하더라도 스치면서 지나가는 것은 어떨까?

댄스 스포츠와 사교댄스

사람들이 묻는다. 댄스스포츠는 무엇이고?, 사교댄스는 무엇인가?

당신은 어떻게 말할 것인가? 일반적으로 생각하고 있는 점을 하나씩 살펴보자. 처음 입문과정의 사람들 중 알고 시작하는 경우도 있고, 그저 한 번 했으면 좋을 것 같아서 ----예전에는 그랬다. 정식 학원도 아니고 적당한 공간에서 소위 말하는 안방 춤 식으로 공간이 넉넉하지 않으니 적당히 적당히 축소해서 하는 경우도 있고, 대충 추다보니 그런 것 같아서 ― 그렇게 배웠으니까, 그렇게들 추니까----제대로 공부하고 가르치고, 배워서 추는 댄스가 아니었다. 지금도 그런 경우가 허다하다. 조금 잘 추는 것 같으니까, 좀 가르쳐볼래? 나 이것 서툰데 조금 일러줘봐--- 인사치례는 할게-----이런 흐름으로 흘렀다. 그러나 지금은 국내에도 많은 선수들과, 학원들이 정식으로 활동한다. 아세안 게임에서 메달도 따고 말이다. 그들의 노력의 결과다. 외국에서 점점 체계화되면서 많은 진전이 있었고, 변화가 심했다. 댄스의 역사란 실로 100여 년 정도이다. 길다면 길고 짧다면 또 그런 것이다.

한 번은 물어보았다. 본인 말로 경기에도 참석했다는 소위 아마던, 프로던 선수였으니까. 원서는 가끔 보십니까? 원서요?---할 말이 없다.

이야기가 엉뚱한 곳으로 흘렀나 보다. 댄스스포츠는 댄스고, 사교댄스는 그저 붙들고 댄스랍시고 흉내내는 거지 뭐! 요즈음 젊은 세대들의 사고방식이다. 그것 두 춤이라구! ---그 다음은 생략하자. 대다수의 많은 사람들이 이런 사고방식이다. 한 마디로 편견과 무지에서 나오는 삽질하는 소리다,

알기 쉽게 자이브로 논하자. 지르박 보다 한참 뒤에 나온 댄스종목이다. 근본을 따지자면 시간도, 설명도 복잡하다. 간단히 말하면 단지 스포츠 종목으로 채택되었다는 것 뿐 이다. 일종의 스윙이다. 지르박을 비교한다면 2스탭을 3스탭으로 변형 다양함과 차별화를 하고 신선함을 가미했다 뿐이다. 챨스턴이나 기타 댄스에서 필요한 것을 조합하여 업 그레이드 했다는 것이다. 그것을 체계화하고 쇼케이스 위주로 해 점핑스타일을 더해 박력을 더 함이다. 물론 대단한 발전이다. 새로움을 만드는 것이다. 그것이 발전이다.

그런데 그것도 지금은 한계에 도달 새로운 변신을 하고 있다. 점핑 스타일의 힘든 점과, 어려움으로 인해 일부 선수들이나 보여주기식의 댄스종목으로 지속되는 것이다. 벌써 예전부터 WCS 스타일을 접목하여 가르치고 있다. 국내에서는 아직도 잠을 자고있는 중이다. 우이독경이다. 댄스는 사교다. 남녀 간의 조합이다. 사교댄스는 각국마다 역사가 있는 나라들은 다 있기 마련이다. 그중 미국은 역사는 짧다. 과연 그들의 전통적인 춤은 무엇인가? 사교댄스의 역사의 시작은 영국이나 서구에서 오래전부터 시작이 되었지만, 체계적으로 정립된 것은 그리 오래지 않다. 그들이 세계적으로 알리는 방법으로 원서를 계속 만들지만 지금도 계속 수정판이 나온다. 영국이나 일부 선진국가의 댄스종사자들이 댄스스포츠라는 명칭을 그리 정하고, 자기들 입맛에 맞게 선택한 것이다. 그리고 경기 종목으로 스포츠화한 것이다. 당연히 인정해야한다. 먼저 만들거나 개발한 자가 우선권이 있으니까! 문제는 일부 약소국의 댄스는 누락 된 것이다. 특히 살사나 맘보 같은 경우가 대표적이다. 그들은 이 종목의 특징을 교묘히 빼서 다 사용하고 있다. 어디에? 댄스스포츠는 사교댄스에서 파생된 것이다. 자식이 부모를 흉보는 어리석음이다. 블루스 역시 흑인 음악이니, 댄스니 뭐니----점점 그 흔적이 약해진다. 그래도 명맥은 유지된다. 왜? 댄스스포츠는 정통이고, 사교댄스는 정통이 아니라고 비웃거나 천대 시 하는 미련한 행위는 참으로 보기가 안타깝다.

한명호의 댄스아카데미

사교댄스에 흥미를 갖고 임하는 사람들도 댄스스포츠 몇 종목 정도는 다 한다. 댄스스포츠만 배운 사람은 사교댄스에 취약하다. 특히 지르박이나 블루스, 트로트에 있어서 접목하는 방법이나, 본인 또는 상대방이 서툴더라도 적응 못하고 상대방만을 탓한다. 목수가 연장 탓하는 것이다. 반면 자기들은 오로지 파트너만 찾는다. 같이 항시 추면 잘되는 것은 당연하다. 왜 아무나 하면 안될까? 주입식 교육방법의 오류다.

서로가 존중하면서 취미로 즐기는 운동으로 하는 활동이지만 알고 행하자.

결국 양쪽을 어우르고 다 즐기는 그런 댄스를 하자. 편협됨은 항상 부족함이다. 더 노력하고, 더 배우며 즐기는 이유다. 당신의 건강을 위해---

테크닉블루스

테크닉 블루스에서는 블루스 자체의 섬세함과 느림의 미학을 강조하면서 속도감을 더하였다. B.P.M을 논하기는 복잡해하실 것 같고, 장르별로 보면 국내에서는 블루스계열 음악, 느린 발라드, 실제로는 슬로우록을 많이 연주하고, 노래한다. 이에 적합한 댄스다. 우왕좌왕하는 블루스가 아니다. 이제부터는 본격적인 블루스를 하는 것이다. 나도 선수들처럼 할 수는 없을까? 당신도 할 수는 있다. 노련하지는 않아도 익숙하게 할 수는 있다. 이제부터 그 테크닉을 익히는 것이다. 답은 당신의 이해와 노력이다.

한명호의 댄스아카데미

테크닉 블루스-기본 워킹 연습

초보적인 단계를 벗어나 테크닉을 구사하는 능력자의 지름길로 가는 워킹입니다.

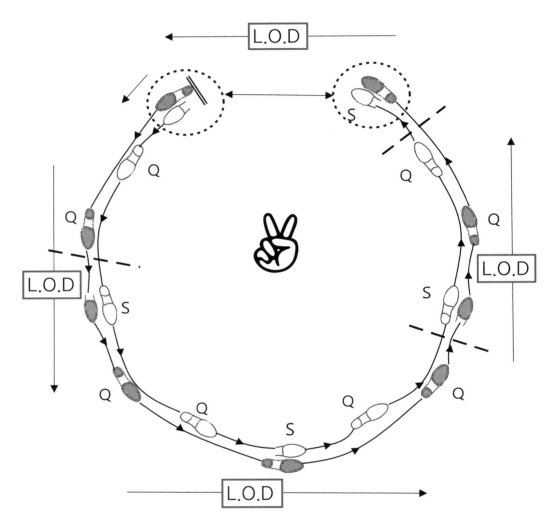

하나, 하나 스텝을 이어가면서 아름다운 피겨가 구사될 때 당신은 블루스의 참멋을 느끼실 것입니다. 피겨 연결에 가장 기본이 되는 워킹입니다. 가장 사소한 것 같아도 이것이 판가름합니다.

남성과 여성이 공통으로 연습합니다. 후진 워킹은 발을 반대로 하면 됩니다. 체중 이동과 훗트워크가 정확해집니다.

기본 피겨(Basic Figure)

남성스텝

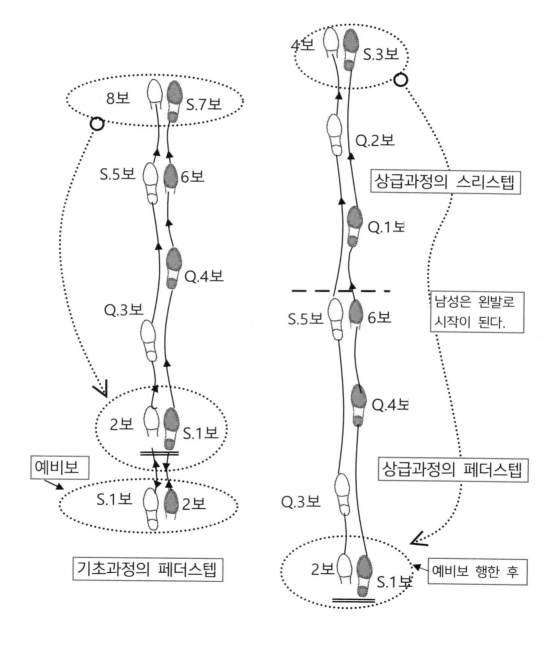

4보   S.3보

8보   S.7보

Q.2보

상급과정의 스리스텝

S.5보   6보

Q.4보

Q.1보

Q.3보

남성은 왼발로
시작이 된다.

S.5보   6보

2보   S.1보

예비보

Q.4보

S.1보   2보

상급과정의 페더스텝

기초과정의 페더스텝

Q.3보

2보   S.1보

예비보 행한 후

한명호의 댄스아카데미

기본 피겨(Basic Figure)

여성스텝

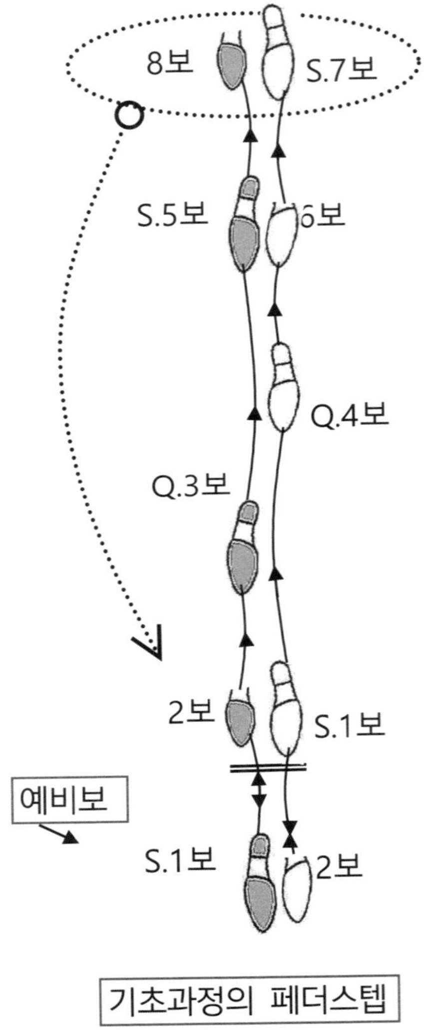

4보   S.3보

8보   S.7보

상급과정의 스리스텝

S.5보   6보

Q.1보

Q.4보

여성은 오른발로 시작 된다.

Q.3보

S.5보   6보

2보   S.1보

예비보

Q.4보

상급과정의 페더스텝

S.1보   2보

Q.3보

기초과정의 페더스텝

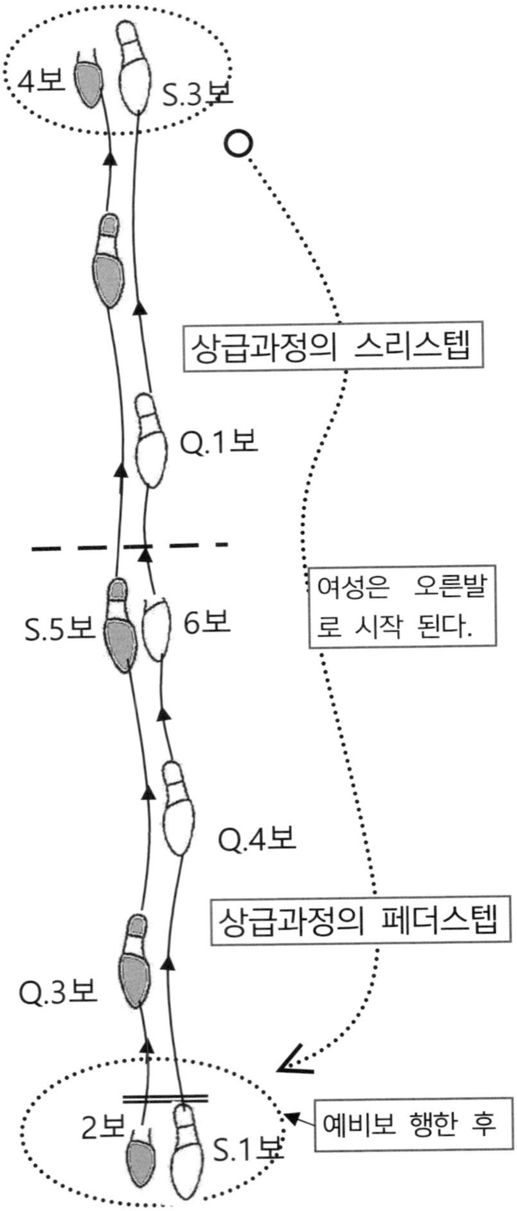

2보   S.1보

예비보 행한 후

후진 워크(Backward Walks)-우회전

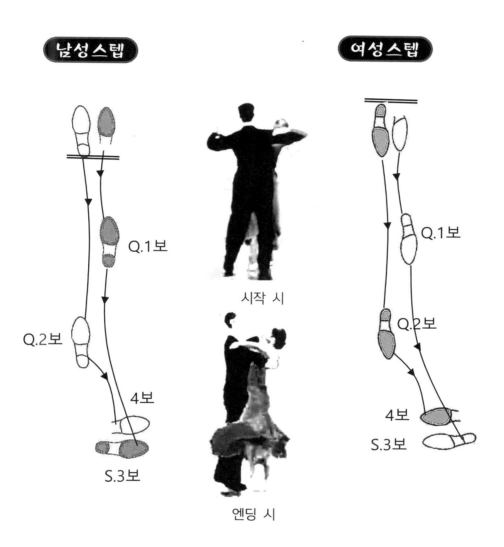

남성스텝

Q.1보

Q.2보

4보

S.3보

여성스텝

Q.1보

Q.2보

4보

S.3보

시작 시

엔딩 시

후진하면서 방향전환을 하는 것이다. 방향을 바꾸기 이전에 그 발이 오른발인가, 왼발인가에 따라 좌우가 정해진다. 스웨이가 가미되면서 원할한 움직임이 이루어진다. 모든 것이 상대적이듯 왼쪽이 있으면 오른쪽이 있는 법이다. 좌우 연결 또한 흐름이 자연스럽게 이루어진다.

한명호의 댄스아카데미

후진 워크(Backward Walks)-좌회전

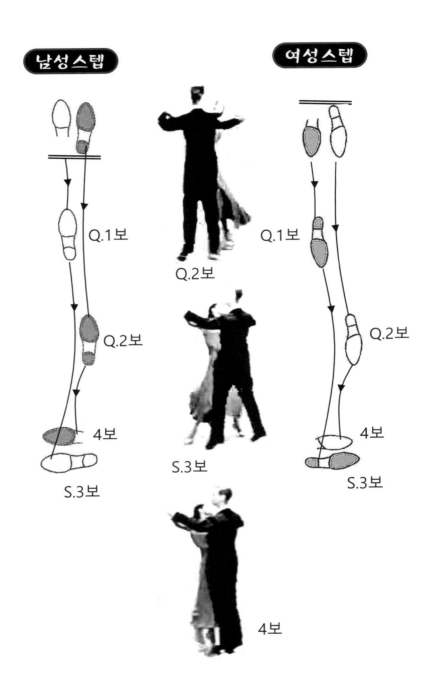

남성스텝

Q.1보

Q.2보

4보

S.3보

여성스텝

Q.1보

Q.2보

4보

S.3보

Q.2보

S.3보

4보

피니시 록 턴(Rock Turn)   Q,Q,S,Q,Q,S

남성스텝

Q.9보

S.7보

S.3보   4보

Q.2보

8보

Q.6보   Q.5보

Q.1보

8보

S.7보

Q.6보   Q.5보   4보

Q.1보   Q.2보   S.3보

한명호의 댄스아카데미

피니시 록 턴(Rock Turn) Q,Q,S,Q,Q,S

여성스텝

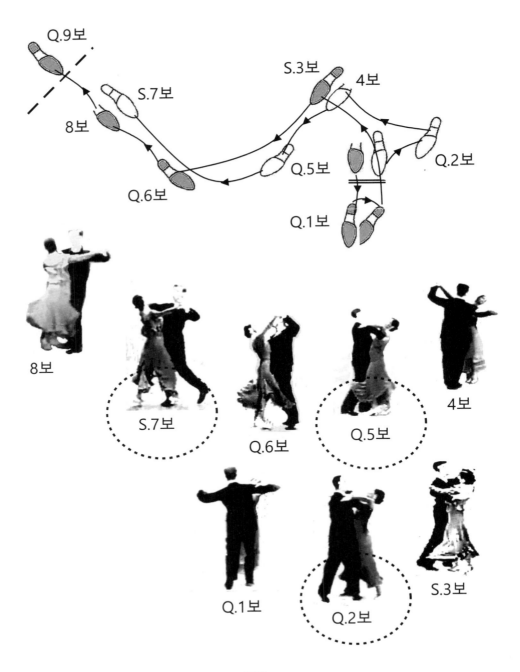

Q.9보

S.3보

4보

S.7보

8보

Q.2보

Q.6보

Q.5보

Q.1보

8보

S.7보

Q.6보

Q.5보

4보

Q.1보

Q.2보

S.3보

후진 워크 좌, 우회전-피니시. 록 연결

남성스텝

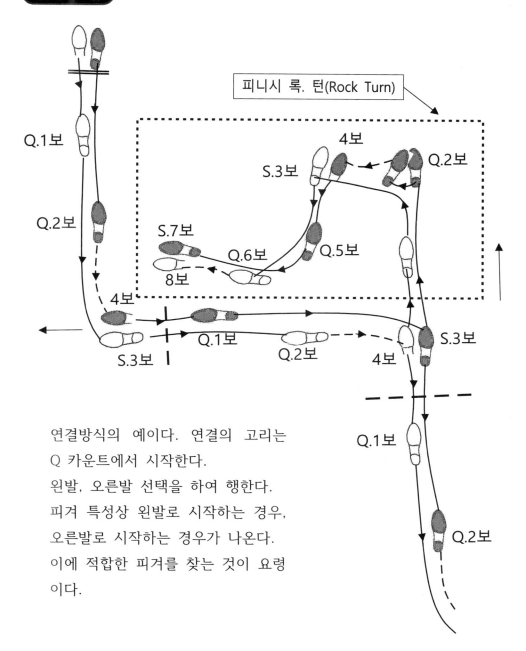

피니시 록. 턴(Rock Turn)

Q.1보

Q.2보

4보

S.3보

Q.1보

Q.2보

4보

S.3보

Q.1보

Q.2보

S.3보

4보

Q.2보

S.7보

Q.6보

8보

Q.5보

연결방식의 예이다. 연결의 고리는
Q 카운트에서 시작한다.
왼발, 오른발 선택을 하여 행한다.
피겨 특성상 왼발로 시작하는 경우,
오른발로 시작하는 경우가 나온다.
이에 적합한 피겨를 찾는 것이 요령
이다.

후진 워크 좌, 우회전- 피니시. 록 연결

여성스텝

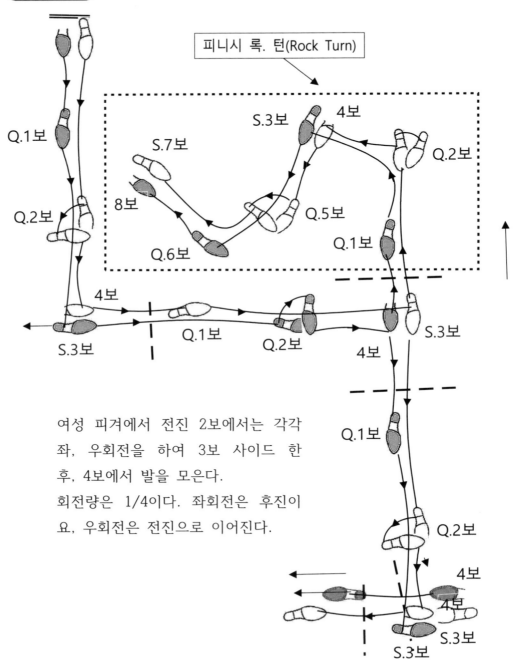

피니시 록. 턴(Rock Turn)

S.3보 4보 Q.2보
S.7보
8보 Q.5보
Q.6보 Q.1보
Q.1보 S.3보

4보 S.3보

Q.1보 Q.2보 4보

Q.2보 S.3보
Q.1보

S.3보

여성 피겨에서 전진 2보에서는 각각
좌, 우회전을 하여 3보 사이드 한
후, 4보에서 발을 모은다.
회전량은 1/4이다. 좌회전은 후진이
요, 우회전은 전진으로 이어진다.

4보
4보
S.3보
S.3보

페더 스텝, 스리스텝의 연결

남성스텝

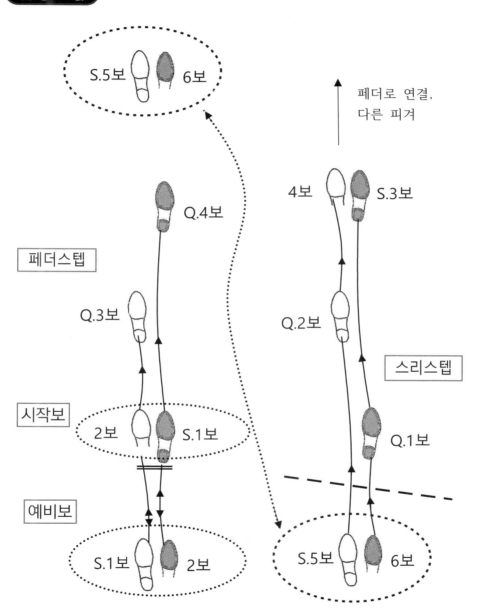

예비보, 시작보를 합쳐 예비보로 하고 3보를 1보로 해 추기도 한다.

한명호의 댄스아카데미

페더 스텝, 스리스텝의 연결

여성스텝

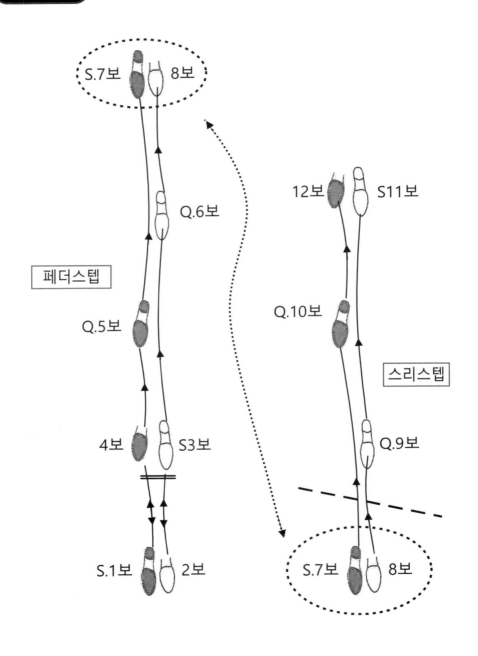

백 페더(Back Feather)에 이은 크로스 스위블

리버스 턴으로 시작한다

남성스텝

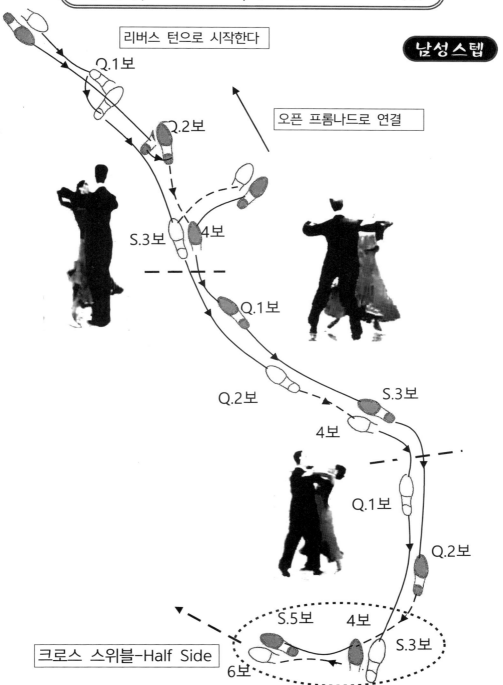

Q.1보

Q.2보

오픈 프롬나드로 연결

S.3보 4보

Q.1보

Q.2보

S.3보

4보

Q.1보

Q.2보

S.5보 4보

S.3보

크로스 스위블-Half Side

6보

백 페더(Back Feather)에 이은 크로스 스위블

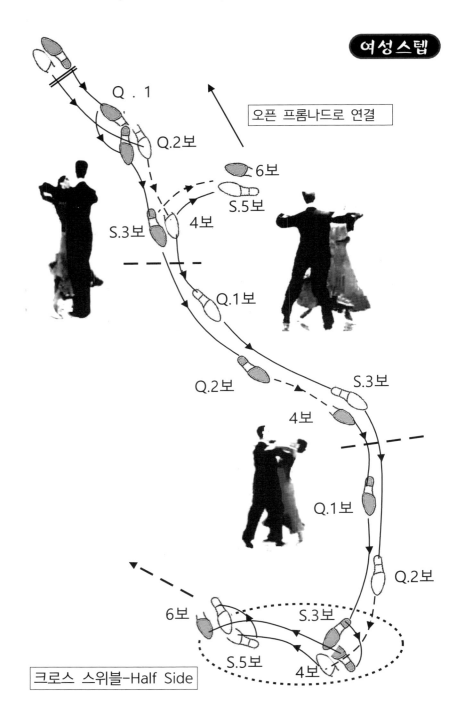

여성스텝

Q . 1

Q.2보

오픈 프롬나드로 연결

6보

S.5보

S.3보   4보

Q.1보

Q.2보

S.3보

4보

Q.1보

Q.2보

6보   S.3보

S.5보   4보

크로스 스위블-Half Side

댄스스포츠-①

프롬나드 피벗. 턴(Promenade Pivots Turn)

초급 과정에서는 편안하게 프롬나드 턴으로 이어지나 한 단계 올라가면 피벗을 사용한다. 쉽게 설명한다면 조금씩 나누어 하던 턴을 단순하게 한 번에 한다. 한 발로 강하게 회전을 하는 것이다. 회전량이 커진다.

댄스란 체중 이동이 전제, 대체적으로 왼발, 오른발 양발이 한 발로 중심을 잡고 회전을 하면서 다른 발로 체중을 이동하면서 이어 회전을 하는 것이다. 한 발로 끝내는 경우도 있다.

남성스텝

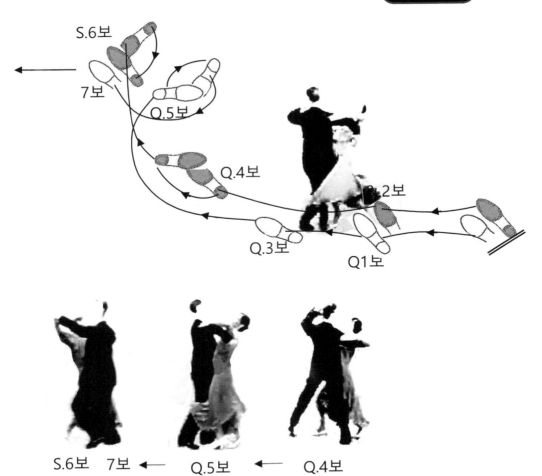

S.6보 7보 ← Q.5보 ← Q.4보

프롬나드 피벗. 턴(Promnade Pivots Turn)

여성스텝

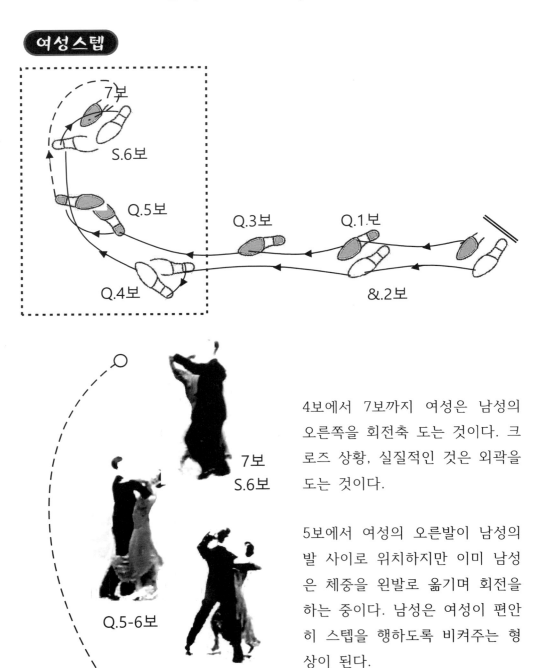

4보에서 7보까지 여성은 남성의 오른쪽을 회전축 도는 것이다. 크로즈 상황, 실질적인 것은 외곽을 도는 것이다.

5보에서 여성의 오른발이 남성의 발 사이로 위치하지만 이미 남성은 체중을 왼발로 옮기며 회전을 하는 중이다. 남성은 여성이 편안히 스텝을 행하도록 비켜주는 형상이 된다.

체크(Check)에 이은 샤세 활용

남성스텝

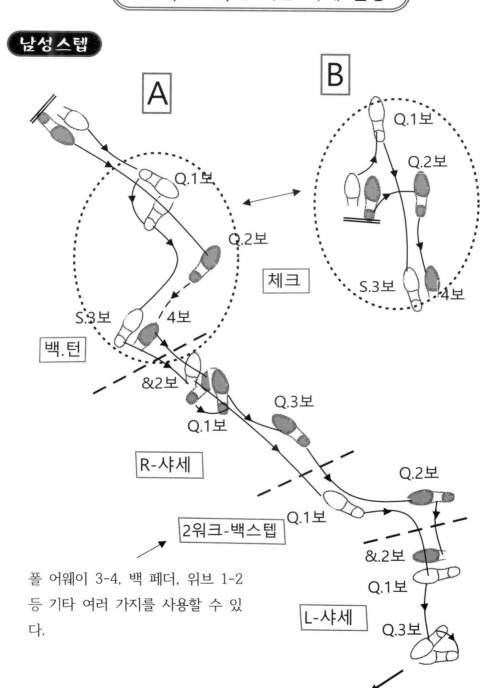

A

B

Q.1보

Q.2보

체크

Q.1보

Q.2보

S.3보

4보

S.3보

4보

백.턴

&2보

Q.3보

Q.1보

R-샤세

Q.2보

2워크-백스텝

Q.1보

&.2보

Q.1보

L-샤세

Q.3보

폴 어웨이 3-4, 백 페더, 위브 1-2 등 기타 여러 가지를 사용할 수 있다.

한명호의 댄스아카데미

체크(Check)에 이은 샤세 활용

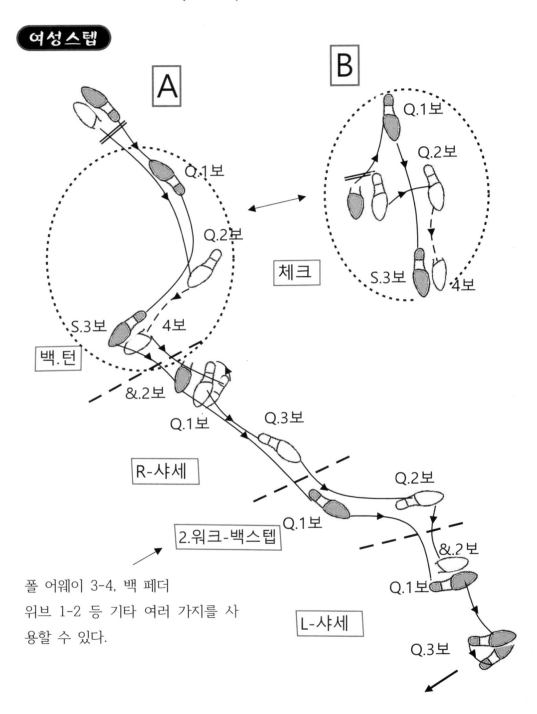

여성스텝

A

B

Q.1보

Q.2보

Q.1보

Q.2보

체크

S.3보

4보

S.3보

4보

백.턴

&.2보

Q.1보

Q.3보

R-샤세

Q.2보

Q.1보

2.워크-백스텝

폴 어웨이 3-4, 백 페더
위브 1-2 등 기타 여러 가지를 사
용할 수 있다.

&.2보

Q.1보

L-샤세

Q.3보

프롬나드 트위스트 턴

Open Promenade-Twist Turn의 연결이다. 핵심은 트위스트 동작과 발의 앞뒤를 활용하는 훗트워크 중요성이다. 보기는 좋은데--- 침만 흘릴 필요는 없다. 당신이 움직이지 않기 때문이다. 이 정도면 됐지 뭐!---
당신 마음대로 하시구려.

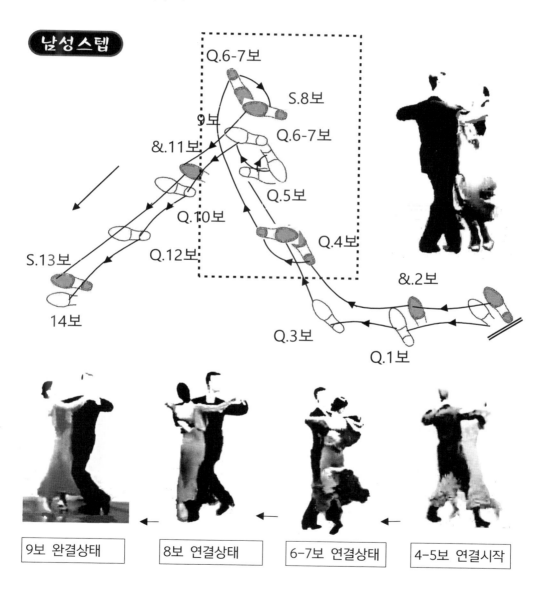

남성스텝

Q.6-7보
S.8보
9보
Q.6-7보
&.11보
Q.5보
Q.10보
S.13보
Q.4보
Q.12보
&.2보
14보
Q.3보
Q.1보

9보 완결상태   8보 연결상태   6-7보 연결상태   4-5보 연결시작

프롬나드 트위스트 턴

여성스텝

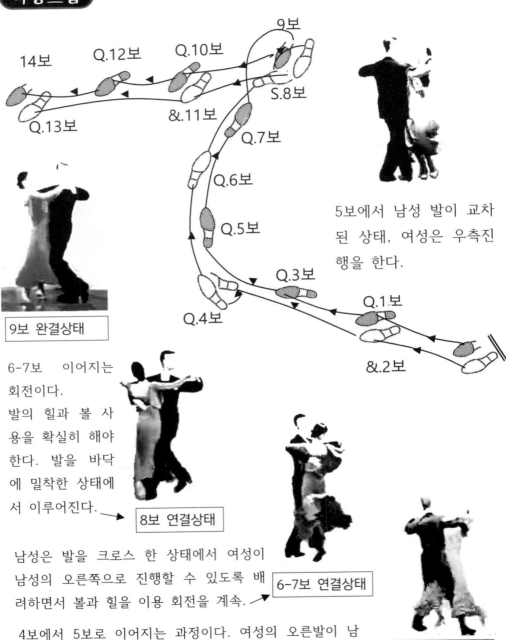

14보   Q.12보   Q.10보   9보

Q.13보

&.11보   S.8보

Q.7보

Q.6보

Q.5보

Q.3보

Q.1보

Q.4보

&.2보

9보 완결상태

5보에서 남성 발이 교차된 상태, 여성은 우측진행을 한다.

6-7보 이어지는 회전이다.
발의 힐과 볼 사용을 확실히 해야 한다. 발을 바닥에 밀착한 상태에서 이루어진다.

8보 연결상태

6-7보 연결상태

4-5보 연결시작

남성은 발을 크로스 한 상태에서 여성이 남성의 오른쪽으로 진행할 수 있도록 배려하면서 볼과 힐을 이용 회전을 계속.

4보에서 5보로 이어지는 과정이다. 여성의 오른발이 남성의 발 사이에 위치하면서 곧바로 남성의 오른발이 왼발 뒤로 교차된다.

◉ 동영상은 유튜브 검색창에 "한명호"를 입력하시면
  됩니다. 구독신청을 하시면 새로운 동영상도 항상
  올리는 동시 바로 보실 수 있습니다.

◉ 댄스에 대한 사항이 궁금하시면 네이버 블러그
  "한명호의 댄스아카데미"를 방문하시면 라틴, 모던
  전 종목을 무료로 감상하실 수 있습니다.

◉ 궁금하신 점이 있으면 출판사로 직접 연락하셔도
  됩니다.(내용 설명에 대한 문의는 이 메일로 답변)

한명호의 댄스아카데미

한명호의 댄스 아카데미
댄스스포츠-①

엮은이 / 한명호
펴 낸 이 / 한원석
펴낸 곳 / 두원출판미디어
강원도 춘천시 효자3동612-2
☎ 033) 242-5612, 244-5612 FAX 033) 251-5611
Cpoy right ⓒ2018, by Dooweon Media Publishing Co.
이 책의 내용은 저작권법에 따라 보호받고 있습니다.
판권은 본사의 소유임을 알려드립니다.
등록 / 2010.02.24. 제333호
♣ 파본, 낙장본은 교환하여 드립니다.
홈페이지: www.dooweonmedia.co.kr
:   네이버 블러그: 한명호의 댄스아카데미
유튜브: 한명호
♣ E-mail :doo1616@naver.com
ISBN:979-11-85895-19-2

초판 1쇄 :2018.10.30

정가 ₩ 23,000

두원출판미디어두원출판미디어두원출판미디어두원출판미디어두원출판미디어두원출판미
디어두원출판미디어두원출판미디어두원출판미디두원출판미디어어두원출판미디어두원출
판미디어두원출판미디어두원출판미디어두원출판미디어두원출판미디어두원출판미디어두
원출판미디어두원출판미디어두원출판미디어두원출판미디어두원출판미디두원출판미디어
어두원출판미디어두원출판미디어두원출판미디어두원출판미디어두원출판미디어두원출판
미디어두원출판미디어두원출판미디어두원출판미디어두원출판미디어두원출판미디어두원
출판미디두원출판미디어어두원출판미디어두원출판미디어두원출판미디어두원출판미디어
두원출판미디어두원출판미디어두원출판미디어두원출판미디어두원출판미디어두원출판미
디어두원출판미디어두원출판미디두원출판미디어어두원출판미디어두원출판미디어두원출
판미디어두원출판미디어두원출판미디어두원출판미디어두원출판미디어두원출판미디어두
원출판미디어두원출판미디어디어두원출판미디두원출판미디어어두원출판미디
어두원출판미디어두원출판미디어원출디어두원출판미디어두원출판
미디어두원출판미디어두원출판미디어두원판미어두원출판미디어두원출판미디두원출
판미디어어두원출판미디어두원출판미디어두원출미디어두어디어두원출판미디어
두원출판미디어두원출판미디어두원출판미디어판미디어두원출판미디어두원출판미
디어두원출판미디두원출판미디어어두원출판미디어두원출두원출판미디어두원출판미디어
두원출판미디어두원출판미디어두원출판미디어판미디어두원출판미디어두원출판미
디어두원출판미디두원출판미디어어두원판미두원출판미디어두원출판미디어판미디
어두원출판미디어두원출판미디어두원출판미원출판미디어두원출판미디어두원출
미디어두원출판미디어두원출판미디어두원출판원두원출판미디두원출판미디어어두원
출판미디어두원출판미디어두원출판미디어두원출디어두원출판미디어두원출판미디어
두원출판미디어두원출판미디어두원출판미디어두원판미디어두원출판미디어두원출판미
디두원출판미디어어두원출판미디어두원출판미어두원출판미디어두원출판미디어두원출
판미디어두원출판미디어두원출판미디어두원출판미디두원출판미디어두원출판미디어두
원출판미디어두원출판미디두원출판미디어어두원판미디어두원출판미디어두원출판미디
어두원출판미디어두원출판미디어두원출판미디어두원디어두원출판미디어두원출판
미디어두원출판미디어두원판미리어두원출판미디두원미디어어두원출판미디어두원
출판미디어두원출판미디어어판미디어두원출판미디어판어원출판미디어두원출판미디어
두원출판미디어두원출판미어두원판미디어두원출판미어원출판미디두원출판미디
어어두원출판미디어두원출판미디어두원출판미디어두원원미디어두원출판미디어두원출
판미디어두원출판미디어두원판미디어두원출판미디어두원출판미디어두원출판미디어두
원출판미디두원출판미디어어두원출판미디어두원출판미디어두원출판미디어두원출판미디
어두원출판미디어두원출판미디어두원출판미디어두원출판미디어두원출판미디어두원출판
미디어두원출판미디어두원출판미디두원출판미디어어두원출판미디어두원출판미디어두원
출판미디어두원출판미디어두원출판미디어두원출판미디어두원출판미디어두원출판미디어
두원출판미디어두원출판미디어두원출판미디어두원출판미디두원출판미디어어두원출판미

한명호의 댄스아카데미

디어두원출판미디어두원출판미디어두원출판미디어두원출판미디어두원출판미디어두원출판미디두원출판미디어두원출판미디어두원출판미디어두원출판미디어두원출판미디두원출판미디어어두원출판미디어두원출판미디어두원출판미디어두원출판미디어두원출판미디어두원출판미디어두원출판미디어두원출판미디어두원출판미디어두원출판미디어두원출판미디어두원출판미디어두원출판미디어두원출판미디두원출판미디어어두원출판미디어두원출판미디어두원출판미디어두원출판미디어두원출판미디어두원출판미디어두원출판미디어두원출판미디어두원출판미디어두원출판미디어두원출판미디어두원출판미디어두원출판미디어두원출판미디어두원출판미디두원출판미디어어두원출판미디어두원출판미디어두원출판미디어두원출판미디어두원출판미디어두원출판미디어두원출판미디어두원출판미디어두원출판미디어두원출판미디어두원출판미디어두원출판미디어두원출판미디어두원출판미디두원출판미디어어두원출판미디두원출판미디어어두원출판미디어두원출판미디어두원출판미디어두원출판미디어두원출판미디어두원출

판미디두원출판미디어어두원출판미디어두원출판미디어두원출판미디어두원출판미디어두
원출판미디어두원출판미디어두원출판미디어두원출판미디어두원출판미디어두원출판미디
어두원출판미디어두원출판미디두원출판미디어어두원출판미디어두원출두원출판미디어두
원출판미디어두원출판미디어두원출판미디어두원출판미디어두원출판미디어두원출판미디
어두원출판미디어두원출판미디두원출판미디어어두원출판미디어두원출판미디어두원출판
미디어판미디어두원출판미디어두원출판미디어두원출판미디어두원출판미디어두원출판미
디어두원출판미디어두원출판미디어두원출판미디어두원출판미디어두원출판미디두원출판
미디어어두원출판미디어두원출판미디어두원출판미디어두원출판미디어두원출판미디어두
원출판미디어두원출판미디어두원출판미디어두원출판미디어두원출판미디어두원출판미디
어두원출판미디두원출판미디어어두원출판미디어두원출판미디어두원출판미디어두원출
미디어두원출판미디어두원출판미디어두원출판미디어두원출판미디어두원출판미디어두원
출판미디어두원출판미디어두원출판미디두원출판미디어어두원출판미디어두원출판미디어
두원출판미디어두원출판미디어두원출판미디어두원출판미디어두원출판미디어두원출판미
디어두원출판미디어두원출판미디어두원출판미디어두원출판미디두원출판미디어어두원출
판미디어두원출판미디어두원출판미디어두원출판미디어두원출판미디어두원출판미디어두
원출판미디어두원출판미디어두원출판미디어두원출판미디어두원출판미디어두원출판미디
두원출판미디어어두원출판미디어두원출판미디어두원출판미디어두원출판미디어두원출판
미디어두원출판미디어두원출판미디어두원출판미디어두원출판미디어두원출판미디어두원
출판미디어두원출판미디두원출판미디어두원출판미디어두원출판미디어두원출판미디어
두원출판미디어두원출판미디어두원출판미디어두원출판미디어두원출판미디어두원출판미
디어두원출판미디어두원출판미디어두원출판미디어두원출판미디어어두원출판미디어두원출
판미디어두원출판미디어두원출판미디어두원출판미디어두원출판미디어두원출판미디어두
원출판미디어두원출판미디어두원출판미디어두원출판미디어두원출판미디두원출판미디어
어두원출판미디어두원출판미디어두원출판미디어두원출판미디어어두원출판미디어두원출판
미디어두원출판미디어두원출판미디어두원출판미디어두원출판미디어두원출판미디어두원
출판미디두원출판미디어어두원출판미디어두원출판미디어두원출판미디어두원출판미디어
두원출판미디어두원출판미디어어판미디어두원출판미디어두원출판미디어두원출판미디어
디어두원출판미디어두원출판미디두원출판미디어어두원출판미디어두원출판미디어두원출
판미디어두원출판미디어두원출판미디어두원출판미디어두원출판미디어두원출판미디어두
원출판미디어두원출판미디어두원출판미디어두원출판미디두원출판미디어어두원출판미디
어두원출판미디어두원출판미디어두원출판미디어두원출판미디어두원출판미디어두원출판
미디어두원출판미디어두원출판미디어두원출판미디어두원출판미디어두원출판미디두원출
판미디어어두원출판미디어두원출두원출판미디어두원출판미디어두원출판미디어두원출판
미디어두원출판미디어두원출판미디어두원출판미디어두원출판미디어두원출판미디두원출
판미디어어두원출판미디어두원출판미디어두원출판미디어판미디어두원출판미디어두원출
판미디어두원출판미디어두원출판미디어두원출판미디어두원출판미디어두원출판미디어두

한명호의 댄스아카데미

원출판미디어두원출판미디어두원출판미디두원출판미디어어두원출판미디어두원출판미디
어두원출판미디어두원출판미디어두원출판미디어두원출판미디어두원출판미디어두원출판
미디어두원출판미디어두원출판미디어두원출판미디어두원출판미디두원출판미디어어두원
출판미디어두원출판미디어두원출판미디어두원출판미디어두원출판미디어두원출판미디어
두원출판미디어두원출판미디어두원출판미디어두원출판미디어두원출판미디어두원출판미
디두원출판미디어어두원출판미디어두원출판미디어두원출판미디어두원출판미디어두원출
판미디어두원출판미디어두원출판미디어두원출판미디어두원출판미디어두원출판미디어두
원출판미디어두원출판미디두원출판미디어어두원출판미디어두원출판미디어두원출판미디
어두원출판미디어두원출판미디어두원출판미디어두원출판미디어두원출판미디어두원출판
미디어두원출판미디어두원출판미디어두원출판미디두원출판미디어어두원출판미디어두원
출판미디어두원출판미디어두원출판미디어두원출판미디두원출판미디어두원출판미디어
두원출판미디어두원출판미디어두원출판미디어두원출판미디어두원출판미디두원출판미디
어어두원출판미디어두원출판미디어두원출판미디어두원출판미디어두원출판미디어두원출
판미디어두원출판미디어두원출판미디어두원출판미디어두원출판미디어두원출판미디어두
원출판미디두원출판미디어어두원출판미디어두원출판미디어두원출판미디어두원출판미디
어두원출판미디어두원출판미디어두원출판미디어두원출판미디어두원출판미디어두원출판
미디어두원출판미디어두원출판미디두원출판미디어두원출판미디어두원출판미디어두원
출판미디어두원출판미디어두원출판미디어두원출판미디어두원출판미디어두원출판미디어
두원출판미디어두원출판미디어두원출판미디어두원출판미디어어두원출판미디어두원출판
미디어두원출판미디어두원출판미디어두원출판미디어두원출판미디어두원출판미디두원
출판미디어어두원출판미디어두원출판미디어두원출판미디어두원출판미디어두원출판미디
어두원출판미디어두원출판미디어두원출판미디어두원출판미디어두원출판미디어두원출판
미디어두원출판미디어두원출판미디어두원출판미디어두원출판미디어두원출판미디어두원
출판미디어두원출판미디어두원출판미디어두원출판미디어두원출판미디어두원출판미디어
두원출판미디어두원출판미디어두원출판미디두원출판미디어어두원출판미디어두원출판미
디어두원출판미디어판미디어두원출판미디어두원출판미디어두원출판미디어두원출판미디
어두원출판미디어두원출판미디어두원출판미디어두원출판미디어두원출판미디어두원출판
미디두원출판미디어어두원출판미디어두원출판미디어두원출판미디어두원출판미디어두원
출판미디어두원출판미디어두원출판미디어두원출판미디어두원출판미디어두원출판미디어
두원출판미디어두원출판미디두원출판미디어어두원출판미디어두원출판미디어두원출판미
디어두원출판미디어두원출판미디어두원출판미디어두원출판미디어두원출판미디어두원출
판미디어두원출판미디어두원출판미디어두원출판미디두원출판미디어어두원출판미디어두
원출판미디어두원출판미디어두원출판미디어두원출판미디어두원출판미디어두원출판미디